LA ORACIÓN

Titulo: *La Oracion*
SubTitulo: *Fuente de Fortaleza para la Vida*
By Grace Dola Balogun

Derechos de autor © 2012 Grace Dola Balogun

Contacto Autor
www.Gracereligiousbookspublishers.com
1-646-559-2533
Grace religiosa publicación de libros y libros de los distribuidores podrán pedirse a través de librerías o poniéndose en contacto con el editor:

Grace Religiosa Libros Publicaciones y Distributors, Inc.
213 Avenida Bennett
New York, NY 10040

LA ORACIÓN

Fuente de Fortaleza para la Vida

Grace Dola Balogun

Todos los derechos reservados. Ninguna parte de este libro podrá ser usada ni reproducida por ningún medio, gráfico, electrónico o mecánico, incluyendo fotocopia, grabación, grabación en cinta ni por ningún sistema de recuperación de almacenamiento de la información sin permiso escrito del editor excepto en el caso de citas breves incorporados en artículos y revisiones críticas.

Dada la naturaleza dinámica de la Internet, los enlaces o direcciones de Internet contenidos en este libro pueden haber cambiado desde su publicación y pueden ya no ser válidos. Los puntos de vista expresados en esta obra son exclusivos del autor y no necesariamente reflejan

SEÑOR,
ENSÉÑANOS A
ORAR

los puntos de vista del editor, y el editor no se hace responsable por los mismos.

El autor de este libro no ofrece consejo médico ni prescribe el uso de ninguna técnica como forma de tratamiento para problemas físicos, emocionales o médicos sin el asesoramiento de un médico, ya sea directa o indirectamente. La intención del autor es sólo ofrecer información de naturaleza general para ayudarlo en su búsqueda de bienestar emocional y espiritual. En caso de que usted utilice para usted mismo alguna parte de la información de este libro, lo que es su derecho constitucional, el autor y el editor no asumen responsabilidad alguna por sus acciones.

Las personas presentadas en imágenes provistas por Thinkstock son modelos, y dichas imágenes son utilizadas con fines ilustrativos solamente. Algunas imágenes © Thinkstock.

ISBN: 978-0-9851460-3-0 (sc) ISBN: 978-0-9851460-4-7 (epub) ISBN: 978-0-9851460-5-4 (pdf)
Número de Control de la Biblioteca del Congreso: 2012933497Impreso en los Estados Unidos de América
Fecha de rev. Grace Religious Books Publishers: 2/28/2012

Dedicatoria

Dedico este libro a nuestro Señor y Salvador Jesucristo, el Hijo único del Padre encarnado, lleno de gracia y verdad. Él es el mediador de una nueva alianza que escucha y responde a las oraciones. A Él la gloria, el honor, el poder, alabanzas, majestad, dominio y adoración, ahora y siempre. Amén.

Este libro es una fuente de poder para vivir a través de la oración.

Usted aprenderá a entregarse a las manos del Dios vivo.

Preface

Nuestro Señor respondió y les dijo, Mateo 21:21-22:

"Les aseguro que si tienen fe y no dudan, no sólo harán lo que he hecho con la higuera, sino que podrán decirle a este monte: "¡Quítate de ahí y tírate al mar!", y así se hará. Si ustedes creen, recibirán todo lo que pidan en oración."

Cuando atravesamos pruebas y tribulaciones en tiempos difíciles, desilusiones de cualquier tipo y dificultades, debemos orar que Dios el Padre Todopoderoso que envió a Su Hijo Unigénito al mundo nos traiga cosas buenas con Su amor a través de Su Hijo Jesucristo.

También debemos hacer uso del valor y de una fe sólida para desear lo mejor del Señor. Cuando nos encontramos desesperados en nuestras situaciones, debemos recurrir inmediatamente a la Palabra de Dios en busca de respuestas y consuelo en las tribulaciones. Debemos encontrar valor para orar hasta que los cielos se abran y Dios responda a nuestras plegarias. La Santa Biblia nos enseña a través de cantidad de historias acerca de los propósitos de Dios, cómo Él cumple Su voluntad, cómo Él triunfa sobre todas las obras del mal, como el odio, la violencia, la maldad, etc., y cómo Dios trae grandes cambios y bendiciones a Sus hijos por el poder de Su evangelio.

La Biblia, además, ilumina nuestros corazones, recordándonos cómo Dios cumple Sus promesas en las vidas de la gente de Su pueblo, cuando Su pueblo ora con confianza en Dios también obra en forma sobrenatural cuando oramos conforme a lo que Él ha dicho en las Escrituras.

Debemos dejar que Dios restaure los deseos de nuestros corazones y los cumpla, si Él considera que los deseos de nuestro corazón son buenos para nosotros.

Mi oración es que este libro traiga cambio a las vidas de aquéllos que lo lean, independientemente de su confesión de fe, y también a los corazones y mentes de otras personas de diferentes religiones y creencias y perspectivas religiosas de todo el mundo.

Índice

1. Señor, Enséñanos a Orar — 1
2. Qué Necesitamos en la Oración — 5
3. Oremos a través de la Palabra de Dios — 15
4. La Palabra de Dios Nos Limpia — 21
5. Oremos sin Cesar — 27
6. La Oración Es la Fuente de Poder de — 29
7. Vayamos a Él en Oración Confiadamente — 33
8. Acerquémonos Confiadamente al Trono de — 39
9. Oremos en el Espíritu — 41
10. Oremos con el Espíritu — 47
11. Oración de Gratitud — 51
12. Oremos por Nuestro Prójimo — 53
13. Oremos con Fe Por Nuestros Enemigos — 55
14. Oración por el Cuerpo de Cristo en La Tierra — 61

15. Oremos por la Paz de las Naciones 65
16. Oremos por los Pecadores y los Perdidos 69
17. El Poder de la Oración 71
18. El Alma y la Mente de la Oración 77
19 El Resultado de la Oración 83
20. La Respuesta a la Oración 87

CAPÍTULO UNO

Señor, Enséñanos a Orar

En Lucas 11:1-13 y en el libro de Mateo 6:5-14 durante el tiempo del ministerio terrenal de nuestro Señor, Él estaba orando en un cierto lugar. Cuando terminó, Su oración era tan inspirada que uno de Sus discípulos le dijo: "Señor, enséñanos a orar, así como Juan enseñó a sus discípulos." Él les dijo: Cuando oren, digan

"Padre, santificado sea tu nombre. Venga tu reino. Danos cada día nuestro pan cotidiano. Perdónanos nuestros pecados, porque también nosotros perdonamos a todos los que nos ofenden. Y no nos metas en tentación y líbranos del mal.

Tuyo es el reino, el poder y la gloria por siempre."

Nuestro Señor indicó un área de interés en la que todo el cuerpo de Cristo debe concentrarse al orar. Nuestro Señor dijo que la preocupación principal de los creyentes al orar y en nuestras vidas debería ser la santificación del nombre de Dios. Es de suma importancia que Dios sea reverenciado, glorificado y exaltado en nuestras vidas. En nuestra oración y en nuestro caminar diario, debe preocuparnos sumamente la reputación de Dios.

Debemos tomar conciencia de quién es Dios en nuestras vidas y en la iglesia, y conciencia de Su evangelio y Su reino.

Debemos orar por el reino de Dios en la tierra ahora y por su máxima realización en el futuro. Debemos orar para que se cumpla la voluntad de Dios en nuestras vidas, lo que significa que debemos desear sinceramente que la voluntad y el plan de Dios se cumplan en nuestras vidas y las vidas de nuestras familias, parientes y amigos, de acuerdo con Su plan eterno. Los creyentes deben definir la voluntad de Dios principalmente en Su Palabra revelada, infinita, la Biblia, y a través de la guía del Espíritu Santo en nuestros corazones y mentes. Debemos orar por el pan nuestro de cada día y nuestras necesidades. Nuestras oraciones deben ocuparse de los pecados y del deseo de perdonar a nuestros deudores o a quienes nos han hecho algún tipo de mal. Los creyentes deben orar para ser liberados de sus enemigos, de la enemistad de Satanás y el plan maligno de Satanás.

Debemos orar por que seamos liberados de su poder e intrigas y de todos sus astutos juegos en las mentes y las almas de los creyentes.

Nuestro Señor Jesucristo enfatiza que todos los cristianos deben estar resueltos, preparados y deseosos de perdonar las ofensas de otros cristianos y no creyentes a su alrededor. Dios nos está diciendo que si no perdonamos a quienes nos ofendieron y nos hicieron mal con intención, Él no nos perdonará nuestras ofensas, y nuestras oraciones no ascenderán hasta Él. Todos quienes creen en Dios deben tomar a pecho esta advertencia perdonando a aquéllos que les hacen daño. Tenemos más de seis u ocho formas de pedidos de oración al Señor. Tres de estas oraciones tienen que ver con nuestra santidad y la voluntad de Dios para nosotros.

Las otras tres atañen a nuestras necesidades personales. "Nuestro Padre en los cielos" significa que nuestra oración debería conectarnos con nuestro Padre celestial. Como nuestro Padre, Dios Todopoderoso nos ama, nos cuida. Siempre recibe de buen grado nuestra comunión e intimidad.

A través de Jesucristo nuestro Señor tenemos acceso a Dios nuestro Padre en cualquier momento para alabarlo o comunicarle a Él todas nuestras necesidades. Dios es un Padre de santidad que se opone al pecado y a toda falta de rectitud. No tolera el mal. Como nuestro Padre celestial, Él nos disciplina y nos bendice. Él retendrá así como nos dará lo que necesitemos, incluso si nosotros no sabemos lo que necesitamos. La justicia y misericordia de Dios son incomparables. Él responde a todos Sus hijos de acuerdo con nuestra fe en Él así como a nuestra obediencia hacia Él.

Lo más importante en nuestras plegarias y en nuestras vidas debe ser la santificación del nombre de Dios. En nuestro camino con Dios y nuestra oración hacia Él, debemos concentrarnos y preocuparnos por la reputación de Dios, Su iglesia, el evangelio y Su reino.

Nuestra oración debe basarse en y atañer al reino de Dios en la tierra ahora y en su máxima realización en los años que vendrán. Nuestra oración debe basarse en el regreso de Cristo a la tierra y el establecimiento del reino eterno de Dios en los nuevos cielos y la nueva tierra. Debemos orar por la presencia del Espíritu Santo y la manifestación del reino de Dios ahora y siempre.

Nuestro Señor Jesucristo demostró el poder y la autoridad de Dios sobre Satanás y los demonios y saqueó sus posesiones con el poder de la oración y Su comunión con Dios el Padre cuando realizaba

Su ministerio en la tierra. Es imposible permanecer neutral en el reino espiritual y estar en conflicto entre el reino de Cristo y el poder del mal. Muchas personas que decidieron no seguir a Cristo se establecieron en contra de Jesucristo y Su justicia, o están del lado de Satanás y lo impío.

Las palabras de Jesús acusan todo intento de neutralidad de espíritu o compromiso con la falta de rectitud y la desobediencia. Todos los creyentes en el cuerpo de Cristo y la familia de la fe deben ser liberados del pecado; deben renunciar al pecado completamente en sus vidas. Deben estar comprometidos con una vida de obediencia, oración y rectitud. Deben llenarse de la Palabra de Dios todos los días, y al hacerlo, estarán llenos del poder del Espíritu Santo que habita en ellos.

Los creyentes deben saber que después de su conversión, el poder de Satanás no termina, sino que continúa.

Nunca cesa. Estamos a salvo del pecado y de Satanás si estamos comprometidos completamente con Jesucristo usando todos los medios necesarios de gracia que están disponibles a través de la palabra de Cristo. Donde abunda el pecado, la gracia abunda más y más, y por Su gracia nos salvamos. Si los que creen en Jesucristo que han sido liberados de las influencias demoníacas y limpiados renunciando a todo pecado en sus vidas dejaran la puerta abierta para que más espíritus malignos aumenten la influencia del mal en ellos, caerían nuevamente en grave pecado.

Es como alguien que se lavó y se puso una túnica blanca y luego decidió ingresar a una mina de carbón. Hacer que la túnica blanca quede completamente limpia como antes será muy difícil o imposible. Insto a todos los creyentes a aprender a orar. Prepárense para aprender a orar en sus hogares y en las iglesias.

CAPÍTULO DOS

Qué Necesitamos en la Oración

Lo que necesitamos en la oración es confianza para acercarnos al trono de gracia. Cuando oramos, invocamos el nombre del Señor Jesucristo. Depositamos nuestra confianza y dependencia en Dios Padre, Dios Hijo y Dios Espíritu Santo. Desbordamos nuestros corazones y almas a Él y Le dejamos saber que Él es el único. Él es nuestro Salvador en tiempos de aflicción, angustia y todas las formas de decepciones y en tiempos de conflictos y tribulaciones. Debemos orar para buscar su fuerza y poder sobre nuestros problemas. Debemos invocar a Dios en nuestras plegarias y recordarle a

Él que somos pecadores que no merecemos misericordia, pero Él nos salvó y nos bendijo con Su misericordia y amor. Debemos recordarle Su inmenso amor por nosotros y Su bondad y misericordia que nos siguen toda nuestra vida. Debemos recordarle su protección incesante en el pasado, durante todas nuestras vidas, y por todo el mundo.

Como hijos de Dios, debemos pedir que escuche y responda nuestras oraciones conforme a Su voluntad e infinita misericordia.

Cuando oramos, fortalecemos nuestra confianza en el Señor, y ejercitamos nuestra fe firme en Él. También obedecemos sus mandamientos porque Dios nos mandó orar.

Por lo tanto, oramos en respuesta a la invitación amorosa de Dios. Nuestro Señor dijo: "Pidan, y se les dará." Lucas 11:9. A través de la oración nuestras preocupaciones serán reducidas o eliminadas al punto en que ya no nos molestarán más. La cura más esencial para nuestra preocupación es nuestra oración. A través de la oración renovamos nuestra confianza en la fidelidad de nuestro Señor Jesucristo; entregamos todos nuestros problemas a Él que cuida de nosotros. La paz de Dios viene para conservar, guiar y conducir a nuestros corazones, mentes, almas y espíritus mientras estamos en comunión con nuestro Señor. Dios continuará fortaleciéndonos para que podamos hacer todas las cosas para nosotros de acuerdo con Su voluntad. La oración nos ayuda a conectarnos y recibir la paz de Dios que sobrepasa todo entendimiento, Filipenses 4:6-7. Los creyentes deben regocijarse en el Señor Jesús y ganar fuerzas recordando Su gracia y Sus promesas. La Biblia dice que podemos desafiar la guerra espiritual con la ayuda del poder del Espíritu Santo. Somos soldados cristianos. Debemos luchar contra el poder del mal, no con nuestro propio poder sino con el poder del Espíritu Santo, Efesios 6:18.

"La oración demuestra nuestra dependencia del poder de Dios y Su infinita sabiduría. Lo que necesitamos en la oración es una herramienta poderosa tan importante que nos rendiremos copletamente a la excelencia de Jesucristo y le dejaremos saber que no podemos hacer nada por nosotros mismos. No tenemos fuerza ni poder para resolver este problema nosotros solos.

Él es el único que puede ayudarnos. Lo que necesitamos en la oración es mostrar que estamos completos en Cristo, y actuamos como debemos actuar como hijos de Dios. Debemos pedir al Padre todo, incluso hasta el agua que bebemos. Debemos orar por que el agua pase en forma segura desde nuestras gargantas a nuestros estómagos".

Todos los creyentes necesitan comunicarse con el Padre y decirle qué tienen en mente. A pesar de que Dios tiene el poder de leer nuestras mentes, Él aún desea que vayamos a Él como Sus hijos y nos humillemos ante Él y le contemos qué nos está pasando, qué necesitamos, aunque Él comprenda nuestras situaciones más de lo que pensamos o pedimos. Él quiere que mantengamos una relación íntima con Él como Sus hijos, con absoluta confianza. Lo que necesitamos en la oración es un corazón repleto de alabanzas a Dios el Padre a través de nuestro Señor Jesucristo quien nos dio Su Espíritu, el espíritu de santidad y el espíritu de la oración. Cuanto más lo alabemos y reconozcamos lo que Él ha hecho en nuestras vidas, lo que Él está haciendo en este preciso momento en nuestras vidas y lo que Él continuará haciendo en nuestras vidas, tanto más el corazón de Dios se regocijará con nosotros, y tanto más Él estará dispuesto a hacer más y más cosas grandes en nuestras vidas.

Alabamos a Dios Todopoderoso cuando reconocemos su grandeza, misericordia y amor en nuestras vidas, Sus disposiciones, Su poder de sanar todas nuestras enfermedades y Su poder de protección contra todo mal desde el primer día que llegamos a esta tierra. Él envía Su innumerable ejército de ángeles cada día para protegernos cuando dormimos o estamos en peligro. Los creyentes deben alabarlo por Su misericordia, bondad y amor que nos siguen a todos lados donde vamos todos los días de nuestras vidas. La Biblia dijo: "El gran amor del Señor nunca se acaba, y su compasión jamás se agota. Cada mañana se renuevan sus bondades; ¡muy grande es su fidelidad! Lamentaciones 3:22-23.

Lo que necesitamos en la oración son alabanzas y adoración y proclamación de Su Santo nombre en nuestras plegarias. Alábalo por quién es y por lo que continúa siendo en tu vida invocando Sus santos nombres en tus plegarias: nuestra inmensa Fortaleza, el Dios Todopoderoso, Dios compasivo, amoroso, lleno de gracia, lleno de verdad y rectitud, Señor Dios Todopoderoso, Padre, Hijo y Espíritu Santo, siempre un Dios, el mismo Dios, el verdadero Dios, el Creador de todo lo que existe en el cielo y la tierra, el único soberano bendito de las almas humanas, el que tiene inmortalidad en la luz, el inmortal, el invisible, el único Dios sabio.

El Señor Jesucristo está lleno de gracia y verdad, Señor de señores y Rey de reyes, el Santo de Israel, la semilla de David, y el lucero de la mañana. Él es el Dios que subió a los cielos, el Dios de la resurrección y la vida eterna, el único que subió a los cielos y está sentado a la derecha de Dios Padre Todopoderoso. Él es el Cordero de Dios que quita el pecado del mundo, el Unigénito encarnado del Padre, el hijo Santo de Belén, nuestro Señor crucificado, nuestro Señor resucitado, el Gran Capitán del barco, el Buen Pastor, el Príncipe de los Pastores, el único, nuestra esperanza de gloria que viene a juzgar a los vivos y a los muertos, y todos lo verán.

Jesús es el único, el camino, la verdad y la vida, y el dador de vida. Él es el Mesías que vino a este mundo y nos redimió de nuestros pecados pasados, presentes y futuros, nuestro maestro lleno de gracia y gran redentor, la luz del mundo, la luz verdadera que brilla para siempre, y ninguna oscuridad puede abarcarla. Él es el mediador de una nueva alianza, nuestro profeta, sacerdote, sumo sacerdote de una nueva alianza. Él es el mediador de una nueva alianza y el mediador entre Dios y los hombres. Es nuestro intercesor, abogado de una nueva alianza, el único Jesucristo nuestro Señor. Él es el mismo ayer, hoy y siempre. Cuando invocamos Sus nombres, nuestros corazones se regocijan y nos muestran lo grande y glorioso que es nuestro Dios, el Dios del amor, infinita misericordia e infinita compasión. Él es un Dios compasivo, lleno de gracia y amoroso. El libro de los Salmos lleno de plegarias de alabanza al Señor quien es el gran Yo Soy. Si nosotros creyentes oramos la plegaria de alabanza, estaremos repletos de felicidad y regocijo. Nuestros corazones, mentes y almas magnificarán al Señor. Nuestros corazones se regocijarán en Dios nuestro Salvador quien ha hecho y continúa haciendo maravillas en nuestras vidas. Santo sea Su nombre por siempre. Nuestros corazones estarán llenos de la paz de Dios que sobrepasa todo entendimiento, y serán más fuertes en el Señor y su poder todopoderoso.

Lo que necesitamos en la oración son corazones y mentes de gratitud en todo momento. Dios podrá hacer más maravillas en nuestras vidas. El fruto de nuestros labios da gratitud a Su santo nombre. Debemos invocar a Dios antes de dormir y agradecerle cuando nos despertamos en la mañana porque Él es quien nos hace dormir y despertar. Debemos dar gracias a Dios por el alimento que comemos y por la buena salud que Él nos da. Debemos agradecer a Dios por nuestra salud física y estándares espirituales porque en Él nos movemos y tenemos nuestro ser. Nos viste con Su bondad, justicia y amor. La Santa Biblia dice, "Porque tanto amó Dios al mundo, que dio a su Hijo unigénito, para que todo el que cree en él no se pierda, sino que tenga vida eterna" Juan 3:16.

Dios nos proporciona vestimenta y refugio, y Él también nos rodea de buenas personas en nuestras vidas que nos ayudan cuando estamos mal y afligidos. Debemos continuar dándole a Dios gracias todos los días de nuestra vida. Nos bendice con Su paz que sobrepasa todo entendimiento. Nos salva del peligro, de desastres, accidentes y conductas violentas de algunas personas a nuestro alrededor. Llena nuestros corazones y mentes de regocijo eterno. Debemos continuar dándole gracias sin cesar. Lo que necesitamos en nuestras plegarias es confesar nuestros pecados. Si sabemos que hemos violado Sus órdenes o mandamientos, debemos decirle que sentimos lo que hicimos, en especial cuando herimos a alguien con intención, física o emocionalmente, sabiendo que independientemente de lo que hizo, Dios lo o la creó a Su propia imagen. Contándole a Dios nuestros pecados, depositamos en Él nuestra confianza de que Él nos devolverá al apacentadero, como dijo nuestro Señor en la parábola del hijo pródigo en Lucas 15:11-21.

Los versos 17-19 dicen: "¡Por fin recapacitó y se dijo: "¡Cuántos jornaleros de mi padre tienen comida de sobra, y yo aquí me muero de hambre! Tengo que volver a mi padre y decirle: Papá, he pecado contra el cielo y contra ti. Ya no merezco que se me llame tu hijo; trátame como si fuera uno de tus jornaleros." Nuestro Señor dijo que Dios y los ángeles se regocijan en el cielo con gran amor, compasión y dolor por aquéllos que han caído en el pecado y la muerte espiritual, pero cuando un pecador se arrepiente, ellos se regocijan.

Isaías 62:5 dice: "Como un joven que se casa con una doncella, así el que te edifica se casará contigo; como un novio que se regocija por su novia, así tu Dios se regocijará por ti." Dios nunca está silencioso. Ha designado centinelas en los muros de Zión, profetas e intercesores fieles quienes jamás dejan de orar por el establecimiento del reino de Dios en la tierra y la gloria de Jerusalén. Nosotros, el cuerpo de Cristo, debemos orar con diligencia y constancia por el establecimiento y el regreso de nuestro Señor

Jesucristo a la tierra para establecer Su reino que Él gobernará con rectitud sobre toda la tierra. Lo que necesitamos en nuestra oración es el poder de la oración para que se cumpla la Gran Comisión con la ayuda del Espíritu Santo a través de todos los creyentes de Jesucristo que trabajen arduamente por la Gran Comisión sinceramente para que todos los elegidos de Dios estén seguros y Cristo regrese sin demora. También debemos orar por nuestro prójimo, nuestros amigos y quienes nos gobiernan. Debemos orar por jueces que toman decisiones difíciles en las vidas de los individuos que hacen mal. Debemos orar por nuestros enemigos para que Dios los convierta de enemigos a amigos. Debemos orar por aquéllos que son violentos entre nosotros, para que el Señor les devuelva la paz, y debemos orar por la paz de Dios para que gobierne y continúe gobernando en los corazones y mentes siempre para que puedan vivir una vida de paz. Debemos orar por aquéllos que nos odian para que el Señor los transforme del odio al amor y para que la luz de Dios penetre en y a través de sus corazones y los llene de alegría en su corazón.

Dios dijo a Jeremías en 32:41: "Me regocijaré en favorecerlos, y con todo mi corazón y con toda mi alma los plantaré firmemente en esta tierra." Dios seguramente reunirá a todos los hijos de Israel de todas las tierras por las que se han esparcido. Dios dijo a Jeremías que las personas serían regresadas a la tierra y a una buena relación con Él, y Él hará una alianza eterna con ellos.

Dios hizo exactamente lo que Él dijo: en 1948 los Israelitas fueron regresados a su tierra, la nación de Israel fue establecida por las Naciones Unidas.

¿Hay algo imposible para el Señor? La respuesta es no. El Padre Todopoderoso, Padre de nuestro Señor y Salvador, el Padre de toda Gloria y sustentador de todas las cosas, aseguró a Jeremías que a través de Su poder el pueblo sería restaurado a su tierra.

Hasta hoy, el poder del amor de Dios nunca se detiene ni disminuye para Su pueblo, desde las personas individuales a las personas en la comunidad, para las naciones, y para todo el universo.

La Palabra de Dios promete un futuro bendito para los que creen en Cristo Jesús nuestro Señor. Los que creen en Cristo deben y pueden depender de la Palabra de Dios aunque puede que no sepamos la manera específica en que Sus promesas se van a cumplir, o se realizarán o cómo se lograrán. Pero debemos seguir confiando y tener una profunda fe en el Señor. Debemos creer que Él es el único que puede completar la buena obra que Él comenzó en nuestras vidas de acuerdo con el poder que funciona en nosotros. Dios oye la oración del justo. Por nuestra naturaleza pecadora, no tenemos el poder para hacernos justos a nosotros mismos y aceptables para presentarnos ante Dios en oración. Debemos saber que Jesucristo es el único que vivió en esta tierra sin pecado. Su muerte y resurrección nos declaran justos. Jesús cargó todos nuestros pecados en la cruz. Su rectitud es nuestra por la fe. Teniendo en cuenta esto, confiamos y nos acercamos con valor al trono de gracia donde Dios escucha y responde todas nuestras plegarias. La santa Biblia dice: "Porque hay un solo Dios y un solo mediador entre Dios y los hombres, Jesucristo hombre" 1 Timoteo 2:5 Cristo es nuestro gran intercesor en el cielo. Cristo es el único que murió en la cruz por nuestros pecados pasados, presentes y futuros y se levantó de entre los muertos. Está sentado a la diestra de Dios, quien venció a la muerte y el poder del mal y los pecados.

El mismo Jesucristo es el único que está sentado a la diestra de Dios intercediendo por nosotros. Le pide al Padre lo que necesitamos cuando lo necesitamos. Jesucristo es nuestro sumo sacerdote de una nueva alianza en los cielos. Él conoce y está al tanto de todo nuestro sufrimiento, debilidades, tentaciones, aflicciones y problemas. Cuando invocamos a Dios el Padre orando a través del santo nombre intercesor del Señor Jesucristo, debemos saber que tenemos la garantía y la seguridad, y confiadamente obtendremos misericordia y encontraremos la gracia que nos ayude en el momento que más la necesitemos, Hebreos 4:16. Todos debemos acercarnos al trono de la gracia confiadamente porque Jesucristo, nuestro Señor sufriente, se compadece de nuestras debilidades. Podemos acercarnos confiadamente al trono celestial, sabiendo que nuestras plegarias y súplicas son recibidas y deseadas por nuestro Padre celestial. Es el trono de la gracia porque emana ayuda, misericordia, perdón, sabiduría, poder espiritual, dones espirituales, amor de Dios, el fruto del espíritu, el río de aguas vivientes, y todo lo que necesitamos en cualquier área y circunstancia de nuestras vidas.

Debemos permanecer en Cristo. Jesucristo nos explicó que la clave para una vida Cristiana fuerte y saludable es permanecer en Él, Juan 15:1-7. Jesús declara que Él es la vid verdadera. Nosotros somos las ramas, y permaneciendo en Él como la fuente de nuestras vidas y poder, damos frutos. Dios Padre Todopoderoso es el jardinero que se ocupa para que den frutos y más frutos en Su reino. Nuestro Señor Jesucristo habla de dos ramas diferentes: una nueva rama que no da frutos y las ramas que dan frutos. Las ramas que ya no dan frutos son aquéllas que ya no tienen la vida que surge de la fe perdurable en Cristo y del amor por Él. Estas ramas, el Padre las arranca de la vid, Él las separa de la unión vital con Cristo. Cuando las personas o los creyentes dejan de permanecer en Cristo, dejan de tener vida en Él. Por lo tanto, son cortadas y arrojadas al fuego.

Las ramas que dan frutos son aquéllas que tienen vida en Cristo y en ellas mismas. Por su fe perdurable en Cristo y por el amor por Él, el Padre poda estas ramas para que den más y más frutos.

CAPÍTULO TRES

Oremos a través de la Palabra de Dios

Para ser fortalecidos en nuestras vidas de oración, debemos orar a través de la Palabra de Dios. Cuando citamos la Palabra de Dios en la Biblia lo que Él dijo apoya nuestras súplicas, los deseos de nuestro corazón en nuestras plegarias a Él, estamos orando a través de la Palabra de Dios. Cuando las palabras de Cristo permanecen en nosotros, el espíritu de nuestro Señor Jesucristo toma el control de nuestro pensamiento, nuestras decisiones, nuestras vidas de oración y nuestras relaciones con nuestros amigos, hijos, familias y parientes, así como con nuestro prójimo.

La Palabra de Cristo siempre está viva en los corazones, las mentes y las almas de los creyentes. La Palabra de Dios cambia nuestros valores y también cambia y restablece nuestras prioridades en la vida. Por ejemplo, Jesucristo nuestro Señor dijo, "Así que yo les digo: Pidan, y se les dará; busquen, y encontrarán; llamen, y se les abrirá la puerta. Porque todo el que pide, recibe; el que busca, encuentra; y al que llama, se le abre" Lucas 11:9-10. Con esta palabra en nuestra mente, nos demuestra que nuestro Señor nos anima a orar sin cesar y con perseverancia en nuestras plegarias. Continuamos pidiendo, buscando y golpeando. Cuando continuamos pidiendo, implica la concientización de nuestra necesidad y nuestra creencia firme de que Dios escucha nuestra oración. Buscar implica también seriedad en nuestra petición con nuestra obediencia mientras continuamos ejerciendo nuestra paciencia y obediencia a la voluntad de Cristo para nuestras vidas. Nuestro golpear continuo implica también nuestra perseverancia en nuestra dependencia del Señor, incluso si Él no responde a nuestra plegaria en el momento de nuestra necesidad. En la mente de Dios, Su respuesta es: Aguarda, este pedido particular no es bueno para ti, o Tengo algo mejor que lo que estás pidiendo en tu oración.

Debemos saber que Dios es omnisciente y omnipotente, lo que quiere decir que Dios tiene el poder de hacer todo lo que creemos que es imposible.

No existen límites para Su poder y la perfección del poder verdadero de Dios. Omnisciencia significa que nuestro Dios tiene la capacidad y el poder de saber todo infinitamente, incluso nuestros pensamientos, nuestros sentimientos, todo acerca de nuestras vidas y de todo el mundo. Todo lo sabe y todo lo puede. Conoce todo sobre la tierra y bajo la tierra.

Dios tiene el poder divino de estar presente en todos lados al mismo tiempo. Puede aparecer en todos los lugares a la vez. Él es el Dios todopoderoso y todo misericordioso. Debemos saber y recordar la seguridad bendita de Cristo para quienes pedimos. Recibiremos lo que pedimos de acuerdo con nuestra respuesta a buscar Su reino, reconocer que Dios es nuestro Padre en el cielo, lleno de bondad, misericordia y amor. Él nunca ha cambiado y nunca cambiará. Nuestra respuesta a la oración también se basa en la voluntad de Dios para nuestras vidas, cómo adoramos y estamos en comunión con Cristo, y principalmente, nuestra obediencia a los mandamientos de Cristo. Jesucristo dijo que nuestro Padre en el cielo no fallará a Sus hijos que lo busquen con ahínco día y noche con todo su corazón. Él nos ama más que cualquier padre terrenal. "¿Quién de ustedes que sea padre, si su hijo le pide un pescado, le dará en cambio una serpiente?", Lucas 11:11. Él quiere que acudamos a Él en la oración para pedirle lo que sea que necesitemos. Él promete darnos lo que es bueno para nosotros, y Él desea darnos soluciones a todos nuestros problemas y darnos el alimento con la ayuda del Espíritu Santo, quien es nuestro socorro, nuestro paráclito. Es nuestro consolador celestial y nuestro consejero.

Los creyentes deben aprender a orar por las cosas necesarias de la vida conforme a la voluntad de nuestro Señor, el llamado del Señor y Sus actividades en nuestra vida, de acuerdo con Su amor paternal por nosotros. También debemos pedir cosas que nos ayuden a mejorar el reino de Dios en esta tierra. Cuando oramos a través de la Palabra de Dios, oramos por las cosas que le darán a Él gloria y exaltarán Su santo nombre, cosas que nos ayudarán en nuestro camino y servicio cristiano, así como en el ministerio de la iglesia. Debemos darnos cuenta de que cuando permanecemos en Cristo, Su palabra es automática, en el sentido de que lo que pidamos por la oración de acuerdo con la voluntad de Cristo será respondido. En 1 Juan 3:18-22, el apóstol Juan dijo: "Queridos hijos, no amemos de palabra ni de labios para afuera, sino con hechos y de verdad. En esto sabremos que somos de la verdad, y nos sentiremos seguros delante de él: que aunque nuestro corazón nos condene, Dios es más grande que nuestro corazón y lo sabe todo. Queridos hermanos, si el corazón no nos condena, tenemos confianza delante de Dios, y recibimos todo lo que le pedimos porque obedecemos sus mandamientos y hacemos lo que le agrada." Juan quiso decir que el motivo por el que algunas plegarias son respondidas y otras no, es por nuestra devoción y relación con el Señor. Para ser eficaz, la oración debe basarse en nuestra obediencia y amor, así como en hacer lo que es bueno a los ojos de Dios en toda ocasión. Nuestro Señor Jesús responde las plegarias basadas en Su Palabra y Su obra de redención en nosotros.

Cuando nos acercamos a Dios en oración con Sus

palabras, no debemos permitir que nuestras plegarias se basen en quién somos ni en cargos como pastores o miembros del consejo, millonarios, personas pobres, personas de la tercera edad o niños. Nuestra oración a Dios no debe basarse en lo que pensamos ni en lo que hemos logrado para Cristo a través de nuestro ministerio.

Debemos invocar a Dios humilde, confiada y audazmente a través de las plegarias confesando primero que no somos dignos. Debemos orar con un corazón humilde. Venimos por misericordia de Dios, que se renueva cada mañana con Su fidelidad y bondad. Debemos acudir a Dios con el corazón de exultación de Su santo nombre.

Nuestras plegarias no serán respondidas si oramos a Dios con malas intenciones y motivos, pidiendo lo que necesitamos sin pedir por las necesidades de quienes están a nuestro alrededor. Expresamos nuestro amor cuando ayudamos sinceramente a otras personas que necesitan compartiendo nuestros bienes terrenales con ellos. Cuando nos negamos a dar a otros que tienen necesidad de alimento, vestido, refugio, dinero y atención médica, les cerramos nuestro corazón. Hacemos como que alguien más debería ayudarlos o usar nuestro dinero para mejorar la obra del ministerio para que otras personas sean salvadas y el evangelio de Dios sea predicado a aquéllos que están en la oscuridad porque no se les predica el evangelio.

La Palabra de Dios consiste en Dios que revela algo de Sí mismo a través de Su palabra hablada, que está perfecta y máximamente personificada en Su Hijo, nuestro Señor Jesucristo.

La Palabra de Dios es el medio por el cual Él creó todas las cosas.

Génesis 1:1 dice: "Dios, en el principio, creó los cielos y la tierra." Por esta palabra, Dios habló y fueron creados el cielo y la tierra. Esto confirmó y estableció firmemente la supremacía de Dios sobre la creación toda. Él creó todo por Su palabra hablada. Dios se revela a nosotros a través de Su Palabra, y Su Palabra es un instrumento importante de revelación y poder divino. Por lo tanto, cuando citamos Su Palabra en nuestras oraciones, estamos reconociendo que Su Palabra es poderosa y que confiamos en Su Palabra y poder, así como demostrando que la Palabra de Dios se cumplirá en nuestras vidas de acuerdo con Su plan divino y de acuerdo con Su Palabra.

Jesucristo es la Palabra de Dios y el plan de salvación de Dios para la creación. La Palabra de Dios da a conocer la creación, y la Palabra de Dios hace a Jesucristo igual al Padre como la autoridad suprema sobre toda la creación. El evangelio de Jesucristo es la realización de la Palabra de Dios. Por lo tanto, Jesucristo regresa a esta tierra. Él es nuestra esperanza de Gloria conforme a la Palabra de Dios. La Palabra de Dio es creativa y perfecta, con autoridad suprema, y Su Palabra es la palabra de vida. Cuando citamos la Palabra de Dios en nuestras plegarias, conectamos el poder de Dios con nuestra oración. Y nuestras plegarias ascienden directamente a Su trono.

La Palabra de Dios llegó a Moisés en el Monte Sinaí con los Diez Mandamientos y la Ley. La

Palabra de Dios es también natural, sostenida, redimida y consumada. Dios dijo: "Así es también la palabra que sale de mi boca: No volverá a mí vacía, sino que hará lo que yo deseo y cumplirá con mis propósitos" Isaías 55:11. La Palabra de Dios es creativa, poderosa, perfecta y omnisuficiente, especialmente en nuestro Señor Jesucristo, el Hijo Unigénito de Dios encarnado. Debemos orar la Palabra de Dios a través de las Escrituras para recordarle lo que dijo en el Antiguo Testamento, en el Nuevo Testamento, y en la vida que vendrá.

CAPÍTULO CUATRO

La Palabra de Dios Nos Limpia

Los creyentes necesitamos la Palabra de Dios para limpiarnos de toda falta de rectitud. Nuestro Señor dijo: "Sabía Jesús que el Padre había puesto todas las cosas bajo su dominio, y que había salido de Dios y a él volvía; así que se levantó de la mesa, se quitó el manto y se ató una toalla a la cintura. Luego echó agua en un recipiente y comenzó a lavarles los pies a sus discípulos y a secárselos con la toalla que llevaba a la cintura. Cuando llegó a Simón

Pedro, éste le dijo: — ¿Y tú, Señor, me vas a lavar los pies a mí? —Ahora no entiendes lo que estoy haciendo —le respondió Jesús—, pero lo entenderás más tarde. — ¡No! —protestó Pedro— ¡Jamás me lavarás los pies! —Si no te los lavo, no tendrás parte conmigo. Jesús le dijo: —El que ya se ha bañado no necesita lavarse más que los pies —le contestó Jesús—; pues ya todo su cuerpo está limpio. Y ustedes ya están limpios, aunque no todos." Juan 13:3-8,10. Como cristianos avanzamos por este mundo, y estamos en contacto con cantidad de cosas que pueden hacernos corromper, como escuchar conversaciones pecaminosas, mirar imágenes o avisos profanos, trabajar con personas impías a quienes no les importan las cosas de Dios, vivir entre personas impías quienes, si te oyen orar pasarán música alta en sus hogares, o pasarán cualquier tipo de canciones inmorales. La limpieza ocurre a través del agua de la Palabra de Dios. A medida que leemos y estudiamos nuestra Biblia cada día o escuchamos predicar y enseñar la Pablara de Dios, y a medida que hablamos la Palabra de Dios unos con otros en la iglesia o en nuestros hogares con nuestros amigos de la iglesia, la Palabra de Dios nos limpia. Descubrimos que la Palabra de Dios nos limpia de todas las malas influencias y las tentaciones con que podemos toparnos.

Si nos descuidamos y dejamos de leer la Biblia y dejamos de estar en la palabra de Dios, daremos lugar a que las influencias malas permanezcan en nuestras mentes y le haremos un espacio a la tentación. Debemos estar en la Palabra de Dios que vive y permanece en nosotros. Nos limpia de toda maldad, inmoralidad y de lo que puede contaminar nuestras mentes, almas, espíritus y cuerpos. Nuestra comunión con el Padre celestial y el Señor Jesucristo pueden mantenerse por los esfuerzos continuos de la acción limpiadora de la Palabra de las Escrituras en esta vida. La limpieza que recibimos en el tiempo de la salvación es de una vez en la vida, mientras que la limpieza de la contaminación de los pecados ocurre continuamente por la Palabra de Dios. Leer y estudiar la Palabra de Dios nos ayuda a mantenernos cerca del Señor y a acatar Su voluntad, y nos ayudará a practicar el perdón y la sólida fe y también fortalecerá nuestra vida de oración. La Palabra de Dios es la Palabra Viva que debemos usar en nuestra oración diaria como el mapa del viajero, la brújula del piloto, la espada del soldado y la roca de la salvación del creyente. La Palabra de Dios es luz en nuestro camino para guiarnos, confortarnos y consolarnos; la Palabra de Dios es alimento espiritual para mantenernos. La Palabra de Dios nos limpia. Está llena de sabiduría para enseñarnos y fuego para calentarnos de las frías decepciones del mundo.

La Palabra de Dios abre los cielos y restaura el paraíso. La Palabra de Dios nos enseña que existe el infierno y el fuego del infierno que arde por miles de años. La Palabra de Dios revela la mente de Dios al hombre y nos muestra el camino de la salvación. La Palabra de Dios es verdadera y santa, y limpia el espíritu, el alma y el cuerpo de toda falta de rectitud. La gloria de Dios er evelada. El amor de Jesucristo es la Palabra que se hace carne y vive entre nosotros. Contemplamos Su gloria, la Gloria del Hijo Unigénito del Padre lleno de gracia y verdad.

Orar en la Palabra de Dios traerá gran luz a nuestras oraciones. Orar con la Palabra de Dios agregará más poder a nuestra vida de oración; nos llevará más cerca del Señor en la oración. Abrirá la puerta que el enemigo no podrá cerrar, porque cuando la Palabra de Dios abre la puerta, nadie es más poderoso que Dios. Por lo tanto, la Palabra de Dios hará maravillas en nuestras vidas que ningún poder del enemigo puede afectar. Orar en la Palabra de Dios permitirá que Dios realice Sus milagros en nuestras vidas de sanar t [23] enfermedad y milagros de bendiciones económicas de tantas maneras que no podemos pensar [23] imaginar. Él nos dará bendiciones de gran sabiduría, conocimiento y entendimiento de una manera inconmensurable, abundante y que supera todo. Orar con la Palabra de Dios nos ayudará a pensar más allá de nuestro estado o situación presente. Orar en la Palabra de Dios llenará nuestros corazones con la luz del Espíritu Santo que penetra a través de nuestros espíritus, almas y cuerpos. Energizar nuestro poder espiritual fortalece nuestra fe, confianza y amor en nuestro Señor Jesucristo. Orar en la Palabra de Dios nos ayudará a crear mentes de clemencia, y seremos capaces de perdonar a quienes nos ofenden. Seremos capaces también de orar por nuestros enemigos, y veremos como resultado que nuestro enemigo resulta ser nuestro amigo.

Debemos orar con la Palabra de Cristo y ser específicos en nuestro pedir, buscar y golpear en nuestras plegarias. Debemos permitir que la Palabra de las Escrituras guíe nuestros corazones en nuestras plegarias específicas al Señor.

Debemos orar a Dios que nos ayude a triunfar sobre toda palabra de maldad, toda obra de las tinieblas, y toda palabra de peligro que amenace las vidas de Sus hijos. Debemos orar con nuestras mentes y centrarnos en las cosas que nos dan enorme alegría a nuestra vida. Orar por las personas que están en los hospitales con diversas enfermedades y afecciones para las que no hay cura, para que ocurra la intervención de Dios. Ésta es la oración específica. Debemos orar por quienes buscan trabajo para que puedan obtener empleos en formas milagrosas con el poder y la misericordia de Dios, que los habilite y los dirija a áreas específicas donde haya vacantes y los puedan contratar.

Debemos orar para que el Señor traiga sanación a las vidas de los enfermos que se encuentran entre nosotros. Él revelará Su inmensa Gloria y eterno amor por ellos. Debemos orar para que después de su sanación puedan ser útiles para la gloria de Dios, llevando el mensaje de salvación a quienes no Lo conocen. Isaías 35:1-6 dice: "Se alegrarán el desierto y el sequedal; se regocijará el desierto y florecerá como el azafrán. Florecerá y se regocijará: ¡gritará de alegría! Se le dará la gloria del Líbano, y el esplendor del Carmelo y de Sarón. Ellos verán la gloria del Señor, el esplendor de nuestro Dios. Fortalezcan las manos débiles, afirmen las rodillas temblorosas; digan a los de corazón temeroso: «Sean fuertes, no tengan miedo. Su Dios vendrá, vendrá con venganza; con retribución divina vendrá a salvarlos.» Se abrirán entonces los ojos de los ciegos y se destaparán los oídos de los sordos; saltará el cojo como un ciervo, y gritará de alegría la lengua del mudo. Porque aguas brotarán en el desierto, y torrentes en el sequedal. " La Biblia es la Palabra de Dios manifiesta, y permanece para siempre. La Palabra de Dios nunca cambiará ni perderá su poder. Dios juzgará un día al mundo por su maldad y falta de rectitud. Él compensará al justo con su inmensa salvación, y los redimidos serán salvados completamente del pecado. Jesucristo abrió los ojos del ciego de nacimiento durante su ministerio terrenal, y el hombre proclamó y atestiguó el poder de Dios y la gloria de Dios. Debemos seguir orando con la Palabra de Dios en las Sagradas Escrituras. La Palabra de Dios o la Palabra del Señor se refiere a todo lo que Dios ha hablado directamente a Sus profetas y al pueblo de Dios, comenzando desde Adán y Eva, Génesis 2:16-17. Dios habló Su Palabra a Abraham, Génesis 12:1-3, Isaac, Génesis 26:1, Jacobo, Génesis 28:13, y Moisés, Éxodo 3:4. Dios también habló al pueblo de Israel desde el Monte

Sinaí cuando entregó a Moisés los Diez Mandamientos, Éxodo 20:11. Dios también habló a Sus profetas directamente. La Palabra del Señor llegó al profeta Isaías: "Así como la lluvia y la nieve descienden del cielo, y no vuelven allá sin regar antes la tierra y hacerla fecundar y germinar para que dé semilla al que siembra y pan al que come, así es también la palabra que sale de mi boca: No volverá a mí vacía, sino que hará lo que yo deseo y cumplirá con mis propósitos," Isaías 55:10-11. La Palabra de Dios libera gracia, poder y revelación, a través de los cuales nosotros los creyentes crecemos en fe y en santificación.

La Palabra de Dios tiene el poder de impartir nueva vida para hacer que quienes están muertos espiritualmente resuciten en Jesucristo. El apóstol Pedro dijo: "Pues ustedes han nacido de nuevo, no de simiente perecedera, sino de simiente imperecedera, mediante la palabra de Dios que vive y permanece," 1 Pedro 1:23. La Palabra de Dios hace que crezcamos en gracia y en madurez espiritual. Pedro dijo: "Al beber la bondad de la Palabra de Dios, crecemos en nuestro camino con el Señor y en la salvación de nuestro Señor." La Palabra de Dios es la espada que Dios ha dado a todos los creyentes con la cual combatiremos a Satanás, Efesios 6:17. Debemos recordar que nuestro Señor Jesús venció a Satanás por la Palabra de Dios durante Sus tentaciones declarando: "Escrito está", Lucas 4:1-11. El poder de la Palabra de Dios en las Escrituras es incomparable. Debemos usarla en nuestras oraciones en toda ocasión, 1 Pedro 1:25. Pedro declaró que la Palabra del Señor permanece para siempre. Esto indica que mientras estemos en esta tierra, la vida humana, la gloria humana y todos los logros de la humanidad son temporarios y pasarán, pero la Palabra de Dios permanece, queda y estará por siempre. Cuando este mundo colapse en su auto-destrucción, la Palabra de Dios aún perdurará, y Dios continuará juzgando el mundo por Su Palabra en el día final.

Por lo tanto, los nuevos creyentes y los creyentes de siempre debemos estar sedientos y añorar seriamente el puro alimento de la Palabra de Dios. Debemos permanecer alertas y usar la Palabra de Dios para limpiar y nutrir nuestra alma.

Capítulo Cinco

Orad sin cesar

Tesalonicenses 5:7-8 primero, 16-18: **"Pues los** que duermen, de noche duermen, y los que se embriagan, de noche se embriagan. Nosotros que somos del día, seamos sobrios, poniendo en la fe y el amor como una coraza, y la esperanza de salvación como yelmo. Estén siempre alegres, oren sin cesar, y dar gracias en todo, porque esta es la voluntad de Dios para con vosotros en Cristo Jesús "Cuando el apóstol Pablo dijo esto en la Biblia, oren sin cesar, continuamente no significa estar constantemente lanzando oraciones formales. Más bien, implica la oración recurrente. La conversación en nuestros corazones en todo momento y en todas las ocasiones a lo largo del día debe ser la oración. Conversaciones y anhelos ocurrir naturalmente cuando nos concentramos nuestra mente en el Señor.

Orad sin cesar: "los creyentes deben orar por todo lo que está sucediendo a su alrededor o es directamente a ellos personalmente oa cualquier miembro de su familia, debe orar por sus familiares, amigos, orar por sus vecinos, para la comunidad, la ciudad, estado y orar por la nación entera, así como orar por las escuelas.

Se debe orar por la paz mundial, por todas las naciones donde hay guerra o rumores de guerra en marcha. Debemos orar por el presidente, gobernador y diputados y diputadas. Debemos orar por todas las personas que ocupan altos cargos en el gobierno, así como aquellos en posiciones más bajas y todos los trabajadores de los servicios públicos de nuestras ciudades, estados, y los sectores del gobierno federal que están tomando decisiones que pueden afectar a las personas en el país sea positivamente, o negativamente. Debemos orar por cualquier decisión que puede cortar la asistencia médica y servicios de ayuda para los niños. Debemos orar por todos los directores ejecutivos de las corporaciones, gerentes y supervisores. Debemos orar por las mentes inquietas.

Hijos de Dios debe orar en todo tiempo, y eso significa que cuando llueve, hace sol, mucho sol, la nieve está cayendo lluvia de ideas y en cualquier tipo de clima. Los hijos de Dios debe orar en situaciones emocionales o de la experiencia espiritual que todo puede suceder a ellos. Se debe orar por la paz mundial, para todas las naciones, donde hay guerra o rumores de guerra en marcha, orar por las personas en dificultades en todo el mundo.
Ora cuando todo va en grande en tu vida y tú eres muy feliz. Debemos orar por la paz de Jerusalén, porque es la ciudad de grandes reyes y de la ciudad de Dios.

Debemos orar sin cesar en toda situación de la protección entre nosotros, debemos orar por la belleza de la tierra, las montañas, la luna, sol, mar y todo lo que hay en él. Debemos orar por los árboles en el bosque y el animal en el desierto, así como todas las aves que vuelan alrededor de la tierra. Debemos orar por todas las creaciones de Dios en todo momento. Cuando oramos constantemente en toda la temporada nos comprometemos nuestros corazones y mentes con las cosas buenas de la vida, la mente y el alma se enriquece y se borra automáticamente de cualquier pensamiento de la violencia, la ira, la maldad y la injusticia todos. Debemos orar sin cesar, oren sin cesar hasta que la puerta del cielo está muy abierta.

CAPÍTULO SEIS

La Oración Es la Fuente de Poder de Dios

La oración es la fuente de poder de Dios. Dios usa nuestras plegarias a Él para hacer grandes obras en esta tierra. No es que Dios no pueda hacerlas por Sí mismo, sino que Él quiere que le oremos a Él por el problema. Por ejemplo, Dios envió a su Hijo Unigénito a la tierra para redimirnos de nuestros pecados. No porque Él no pudiera redimirnos de nuestros pecados, sino que la Palabra de Dios dice que Adán y Eva cometieron el pecado de la desobediencia comiendo del fruto que Dios les ordenó que no comieran, del árbol del conocimiento del bien y del mal, Génesis 2:16. El mandato de Dios fue una prueba para Adán y Eva, para que demostraran su amor a Dios, así como que creían en Dios y su obediencia a Él. Mientras que Adán creyera en la Palabra de Dios y obedeciera, él podría continuar la vida eterna y comunión bendita con Dios. Luego, desobedeció a Dios y pecó, y por el pecado de Adán, la maldición del pecado sobrevino a toda la creación de Dios, incluso a toda la raza humana a quien Dios ha hecho a Su propia imagen. Dios envió a su Hijo Unigénito para corregir y redimirnos de la maldición del pecado de Adán. La muerte reinó desde los tiempos de Adán a los tiempos de Moisés. Jesucristo es el Segundo Adán, y la santa Biblia dice en Romanos 5:14-15, "sin embargo, desde Adán hasta Moisés la muerte reinó, incluso sobre los que no pecaron quebrantando un mandato, como lo hizo Adán, quien es figura de aquel que había de venir. Pero la transgresión de Adán no puede compararse con la gracia de Dios. Pues si por la transgresión de un solo hombre murieron todos, ¡cuánto más el don que vino por la gracia de un solo hombre, Jesucristo, abundó para todos!" La raza humana experimentó la muerte por la transgresión de Adán de la Palabra de Dios hablada, con la pena de muerte. La raza humana era pecadora por acción y por naturaleza. Eran transgresores de la ley que estaba escrita en sus corazones y mentes. Jesucristo vino como un hombre sin pecado concebido por el Espíritu Santo y nacido de la Virgen María para redimirnos de la transgresión del pecado de Adán. La obra de la redención fue completada y provista por Jesucristo a través de Su unción en la cruz. Jesucristo deshizo los efectos de la caída de Adán del Jardín del Edén. Esta es una acción de Dios muy clara y precisa en el universo. Adán trajo el pecado, la condena y la muerte al mundo; Jesucristo trajo la vida y nos hizo vivos en Dios. Jesucristo trajo gracia, verdad, justificación y vida a la raza humana. La obra de la redención en la tierra trae justificación a toda la humanidad. Jesucristo oró al Padre en la tierra para redimirnos del pecado de la desobediencia de Adán. Debe quedarnos claro que si oramos, ponemos a Dios a trabajar en cualquier circunstancia que esté sucediendo a nuestro alrededor en nuestra vida privada y en el mundo.

Dios enviará a Sus ángeles santos, a todo Su ejército celestial, para resolver todos nuestros problemas, sanar todas nuestras enfermedades, apagar toda llama de violencia abrasadora, y poner un freno a las obras del mal nuestras vidas y en nuestro mundo.

Debemos orar, y nuestras oraciones deben ser la fuente de poder de Dios que Cristo puede usar para nosotros y otros en el mundo.

CAPÍTULO SIETE

Vayamos a Él en Oración Confiadamente

Los creyentes debemos ir a Dios con confianza en nuestras plegarias. Dios responderá. Oremos con convicción, confiada y claramente a Él. El trono de Dios está abierto cuando oramos con confianza. Revela nuestro amor y dependencia de las provisiones y la providencia divina. Revela que sabemos que Él puede hacer lo que le pedimos cuando oramos con confianza. Revela nuestra convicción y que somos partícipes de Su conocimiento y sabiduría divinos.

Revela nuestra sinceridad y lealtad como hijos que vienen al Padre cuando están en problemas, en necesidad o enfermos. Los creyentes debemos acercarnos a Dios con confianza en la oración cada vez que nos arrodillamos para orar a Él. Hebreos 4:16 dice: "Así que acerquémonos confiadamente al trono de la gracia para recibir misericordia y hallar la gracia que nos ayude en el momento que más la necesitemos."Jesucristo es nuestro sumo sacerdote en el cielo. Debemos orar con confianza. En las dificultades, la oración es la respuesta. Ante la pérdida de nuestros seres queridos, la oración es la respuesta. En nuestra vida espiritual, la oración es la respuesta, y en nuestro caminar con el Señor por fortaleza, la oración es la respuesta. Dios puede hacer y deshacer en nuestras vidas. La oración puede hacer y deshacer a través de Dios cuando es la oración que Dios reconoce. El Dr. Reuben Archer

Torrey dijo: "La oración es la llave que abre la puerta a todos los almacenes del poder y la gracia infinita de Dios (Bible Study International). Todo lo que Dios es y todo lo que Dios tiene está a disposición de las plegarias. La oración puede hacer todo lo que Dios puede hacer dado que Dios puede hacer cualquier cosa; la oración es "omnipotente." De acuerdo con el libro de Charles Spurgeon acerca de la oración: "La oración mueve el brazo que mueve al Mundo." Lo más importante que hay que saber es que cuanto más específicos seamos en nuestra oración, más rápido Dios responde a nuestra oración. Debemos cultivar un corazón de gratitud hacia el Señor para poder recibir más bendiciones del Señor. Dios también hace muy fuertes nuestras vidas de oración a Él. Debemos mantener nuestras mentes positivas en la oración y enfocarnos en Él con confianza en nuestra oración. Los creyentes deben tener una oración indivisa de una hora en la que la mente ingresa a la verdadera oración por la fe. Primero lleva el pensamiento a orar. El intelecto nos enseña que debemos orar. Mientras atravesamos este pensar serio de antemano, nuestra mente prepara el camino para la verdadera oración. Nuestra mente está considerando qué pedirá durante esa hora. El orar verdadero espera hasta el último minuto el pedido inspirador en la hora de oración. La mente prepara al corazón por anticipado a medida que pedimos cosas definitivas de Dios, por lo que anticipadamente surge el pensamiento de la oración. Todos los pensamientos malos, vanos y malignos son eliminados. Nuestras mentes se entregan por completo a Dios. Nuestro pensar se concentra en pedir de Él lo que necesitamos, lo que hemos recibido en el pasado y cuáles serán nuestros pedidos futuros. La oración toma el control total del creyente. La oración se apodera del cuerpo y la mente durante el tiempo de la oración. Se necesita del hombre todo para abrazar en sus compasiones divinas a toda la raza humana, los pesares, los pecados y la muerte de la raza caída de Adán.

Se necesita del hombre todo para ir en paralelo con la voluntad de Dios de salvar a la humanidad. Se necesita del hombre todo para pararnos con nuestro Señor Jesucristo como mediador entre Dios y el hombre pecador. Se necesita del hombre todo para orar hasta que todas las tormentas que agitan su alma y espíritu se calmen y hasta que se detengan los vientos huracanados y las olas cesen. Se necesita del hombre todo hasta que los malvados tiranos y los gobernantes injustos cambien su naturaleza, sus operaciones, vidas y cualidades gobernantes, y hasta que bajen de sus puestos de poder o hasta que dejen de ejercer su cruel y malvado poder. Se necesita del hombre todo en oración para orar hasta que los pecadores y no creyentes orgullosos y no espirituales se conviertan en personas amables, modestas y transformadas. Se necesita del hombre todo para orar hasta que lo divino y lo serio gobiernen en la iglesia de Jesucristo, en nuestras ciudades, en nuestros estados, en toda la nación, en nuestros negocios, en nuestros hogares, en nuestras vidas privadas y en público.

Debemos hacer que orar sea nuestro objetivo principal, y se necesita de todo el cuerpo de Cristo para que esto suceda. Los creyentes deben entregarse completa y totalmente a la oración. La oración tiene un efecto de largo alcance en su influencia y en sus efectos de la gracia. La oración es un asunto intenso y profundo que se ocupa principalmente de los planes y propósitos de Dios. Se necesitan todas las almas del pueblo de Dios para hacerlo. Cualquier persona con corazón, mente y espíritu a medias no recibirá una respuesta a la oración. Debemos tomarnos en serio la importancia de la oración. La oración es un asunto celestial. Nuestras mentes, espíritus, almas y cuerpos completos deben involucrarse en el asunto de la oración con Dios. Debemos orar tanto que nuestras plegarias afecten nuestros caracteres como creyentes de Cristo. Debemos amar al Señor nuestro Dios con todos nuestros corazones, almas y mentes y con nuestra fuerza. Por lo tanto, se necesitan hombres y mujeres completos para involucrarse en la oración que Dios requiere y que asciende directamente al trono de gracia. Jesús no aceptará la oración de un corazón dividido. La Biblia dice: "Dichosos los que guardan sus estatutos y de todo corazón lo buscan," Salmo 119:2. El libro de los Salmos dice: "Yo te busco con todo el corazón; no dejes que me desvíe de tus mandamientos. En mi corazón atesoro tus dichos para no pecar contra ti," Salmo 119:10-11. Si conservamos Su Palabra en nuestros corazones en todo momento, seremos capaces de entender y seguir Sus mandamientos con nuestro corazón completo. Seremos obedientes y oraremos con eficacia. Los frutos de nuestros corazones y labios rebosarán de plegarias de agradecimiento. Nuestras oraciones traerán a Dios a la tierra. Los cielos se abrirán, y nuestras plegarias llegarán al cielo si oramos con todo nuestro corazón y oramos con convicción. Desde el corazón del hombre hasta el corazón de Dios suceden grandes cosas.

En la oración los cristianos son como soldados del Señor, conquistadores cristianos que libran batallas de vida o muerte. Todo el honor de la vida eterna está incluido en la oración del creyente. El apóstol Pablo describió la vida de un cristiano como un atleta que lucha por el dominio y por la corona, corriendo una carrera. Todo depende de la fuerza que el corredor le ponga. El corredor debe poner toda su energía, concentración, determinación, coraje y poder en la carrera. Los cristianos ponen el poder de su ser en la carrera. El poder de los cristianos es acelerado, puesto a prueba hasta el mismo final, como dijo nuestro Señor: "Jesús le respondió: —Nadie que mire atrás después de poner la mano en el arado es apto para el reino de Dios," Lucas 9:62.

Como requiere de todo nuestro ser orar volcando nuestros corazones y mentes al Señor, a cambio los creyentes reciben una inmensa recompensa en respuesta a esa oración. Así como el creyente pone todo su ser en la verdadera oración, de la misma manera todo su ser recibirá todas las bendiciones de Dios en respuesta a dicha oración. Ésta es la oración del corazón, la mente, el alma y el espíritu de un verdadero creyente que ora. Dios siempre se asegura de que cuando un creyente ora de todo corazón el creyente reciba bendiciones en cuerpo, alma y espíritu. El cuerpo está íntegramente sano, el alimento pasa al estómago, hay claridad de mente, los buenos pensamientos vienen a la mente y la mente está iluminada con mayor comprensión de lo que está sucediendo a su alrededor y en el mundo. El creyente tiene el control de sus pensamientos, palabras y acciones. Los creyentes fueron bendecidos con orientación divina, lo que significa que Dios mueve y dirige la mente, por lo que podrán tomar decisiones sabias en todo lo que hagan o todo lo que suceda. Todos los ministros, pastores y sacerdotes de la Palabra de Dios que oran recibirán palabras para enseñar y predicar la Palabra de Dios con claridad de tono y con la lengua de fuego del poder del Espíritu Santo. El pensamiento fluye como una corriente de agua desde el valle. El poder divino del Espíritu Santo está presente con ellos en todo momento. Las almas de los creyentes se regocijarán en Dios a medida querencia banmás beneficios como resultado dela oración verdad d era.

CAPÍTULO OCHO

Acerquémonos Confiadamente al Trono de la Gracia

Acerquémonos confiadamente al trono de la gracia. Cristo es nuestro mediador de la nueva alianza o nuestro abogado. Debemos acercarnos confiadamente al trono de Dios de gracia y gran compasión. Nuestro Señor dijo: "Me invocarán y Yo responderé. Antes de que se arrodillen para orar, Yo, el Señor Dios Todopoderoso, Padre misericordioso, el que sostiene todas las cosas, el Creador del cielo y la tierra, ya he respondido tu oración." Él dijo, "¿Hay algo imposible para Dios?" No, nada es imposible para Dios. Él es todopoderoso, y Su presencia absoluta en el universo jamás cambiará. Vengan a Él confiadamente. Él oirá vuestra oración y responderá vuestras oraciones. Él sabe el tiempo exacto para todo en nuestras vidas. Él nos conoce más que nosotros mismos. Él traerá dicha a tu vida en un abrir y cerrar de ojos. Vengan a Él confiadamente en vuestras oraciones.

CAPÍTULO NUEVE

Oremos en el Espíritu

Orar en el Espíritu es diferente de orar con el Espíritu. Orar en el Espíritu significa orar en lenguas. 1 Corintios 14:12-13 dice: "Por eso ustedes, ya que tanto ambicionan dones espirituales, procuren que éstos abunden para la edificación de la iglesia. Por esta razón, el que habla en lenguas pida en oración el don de interpretar lo que diga." Orar en el Espíritu significa que el Espíritu Santo inspira, guía, energiza y sostiene nuestros actos, palabras, emociones y sentimientos en nuestras plegarias. Orar en el espíritu, Efesios 6:13, también sucede cuando nos ponernos la armadura de Dios en la guerra espiritual. Se nos dice que seamos fuertes en el Señor y en Su poder inmenso. Nos ponemos toda la armadura de Dios para que podamos resistir contra los ardides del demonio. También se nos dijo que tomemos el casco de la salvación y la espada del espíritu, que es la Palabra de Dios.

Finalmente, también se nos dice que debemos darnos cuenta de que orar con el espíritu es lo mismo que orar con el don espiritual, que implica el espíritu humano claramente diferente de nuestra mente. Debe quedarnos claro que la actividad del Espíritu Santo está implícita porque nuestras plegarias no pueden ascender adecuadamente sin el poder del Espíritu. Nuestras mentes no pueden apartarse del Espíritu Santo. De acuerdo con Pablo, tenemos nuestro espíritu y nuestra mente orando juntos, lo que significa que Pablo oraba en lenguas y también oraba en idiomas extranjeros o en cualquier idioma desconocido ya que el espíritu le daba las palabras. Oraba en toda ocasión en el espíritu. Romanos 8:9-10 dice: "Sin embargo, ustedes no viven según la naturaleza pecaminosa sino según el Espíritu, si es que el Espíritu de Dios vive en ustedes. Y si alguno no tiene el Espíritu de Cristo, no es de Cristo. Pero si Cristo está en ustedes, el cuerpo está muerto a causa del pecado, pero el Espíritu que está en ustedes es vida a causa de la justicia."

"Oren en el Espíritu en todo momento, con peticiones y ruegos. Manténganse alerta y perseveren en oración por todos los santos," Efesios 6:18

El libro de Judas también nos dice en Judas 1:20: "Ustedes, en cambio, queridos hermanos, manténganse en el amor de Dios, edificándose sobre la base de su santísima fe y orando en el Espíritu Santo, mientras esperan que nuestro Señor Jesucristo, en su misericordia, les conceda vida eterna." Orar en el espíritu trata de nuestra propia lucha, combate y pelea espiritual que nosotros, quienes creemos en Jesucristo enfrentamos desde nuestra conversión. También nos fortalece a nosotros o el trabajo del ministerio para el llamado de Dios, que Él nos llamó a hacer por Él, fortalecernos a nosotros mismos para ayudar a otros que son bebés en Cristo y todavía toman leche en lugar de recibir el alimento sólido de la Palabra de Dios. Debemos fortalecernos en la santa fe para llevar una vida que va a dar gloria a Su santo nombre, para ser capaces de hacer lo que va a potenciar la obra del reino de Dios en la tierra y va a exaltar Su santo nombre. Debemos fortalecernos para poder vivir vidas de ganadores de almas, vidas que den frutos, vidas que van a ser uno en Él como Él es uno con el Padre. Cuantas más batallas luchamos, más nos fortalecemos orando en el Espíritu, y más el Espíritu nos energiza. Sin el poder de la manifestación, el renacimiento y el despertar del Espíritu Santo en nuestro espíritu, alma y cuerpo no podemos vivir una vida cristiana. En el ejemplo de Nehemías durante el exilio en Babilonia, él oró en el Espíritu y Dios le dio la tarea de ir y reconstruir Jerusalén. No era tarea sencilla, pero Nehemías la hizo aunque combatió con aquéllos que se oponían a él y fortaleciéndose en la más santa fe.

Algo que debemos recordar es que la batalla es para el Señor. Debemos confiar en Él y permanecer en Él para nuestra victoria. Debemos continuar orando en el Espíritu. Después de ganar una batalla y al aflorar otra, debemos orar en el Espíritu sin cesar. En el Nuevo Testamento, leemos acerca de vivir en el Espíritu, caminar en el Espíritu, adorar en el Espíritu, regocijarnos en el Espíritu, y orar en el Espíritu. Éstas son todas las actividades del Espíritu Santo en las vidas de los que creen en Jesucristo. El Espíritu de Cristo realiza todas estas actividades a través de nosotros y nos bendice con poder habilitante para que podamos permanecer en el Espíritu. En Hechos 2:4, los apóstoles hablan en otras lenguas en el día de Pentecostés. Los creyentes de la iglesia primitiva oraban en las otras lenguas durante el culto, y esto continuó durante siglos después de que los apóstoles fueron martirizados o murieron. Hechos 1:8, dice: "Pero cuando venga el Espíritu Santo sobre ustedes, recibirán poder" recibirán principalmente el poder del espíritu en sus vidas para poder ganar almas para el Señor. Nuestra acción de oración en el Espíritu debe venirnos desde nuestro interior. El poder de orar en lenguas y en otros idiomas es entre nosotros y el Señor y aquéllos a quienes el Espíritu del Señor elige interpretar. Hablar en lenguas y orar en el Espíritu es parte del milagro de Dios en el día de Pentecostés durante la venida del espíritu de Cristo. Es la parte del don del poder del Espíritu Santo para el trabajo del ministerio o los servicios del ministerio sacerdotal.

Romanos 8:26-27 habla acerca de "orar con el espíritu." "Así mismo, en nuestra debilidad el

Espíritu acude a ayudarnos. No sabemos qué pedir, pero el Espíritu mismo intercede por nosotros" (Efesios 6:18). Oren en el Espíritu en todo momento, con peticiones y ruegos. Manténganse alerta y perseveren en oración por todos los santos. Nuestro Señor Jesucristo dijo: "Pero se acerca la hora, y ha llegado ya, en que los verdaderos adoradores rendirán culto al Padre en espíritu y en verdad, porque así quiere el Padre que sean los que le adoren. Dios es espíritu, y quienes lo adoran deben hacerlo en espíritu y en verdad" Juan 4:23-24. Debemos adorar, alabar y orar a Dios en el Espíritu. Salmos 40:5 dice, "Muchas son, Señor mi Dios, las maravillas que tú has hecho. No es posible enumerar tus bondades en favor nuestro. Si quisiera anunciarlas y proclamarlas, serían más de lo que puedo contar." Esta debería ser la oración de cada creyente. Dios controla los tiempos de nuestras vidas. Dios nos ha dado a cada uno de nosotros sólo un tiempo breve en esta tierra; Él también usa nuestro tiempo en la tierra para probar nuestra fidelidad hacia Él mientras vivimos en medio de una generación malvada, corrupta que se opone a Dios y a Su Palabra. Déjanos usar nuestro tiempo en la tierra sabiamente llevando una vida de glorificación a Su santo nombre. Oremos en el Espíritu.

CAPÍTULO DIEZ

Oremos con el Espíritu

Cuando oramos con el Espíritu de Dios en nuestra mente, con el Espíritu que ilumina nuestro corazón, orar a Dios acerca de nuestras situaciones y problemas fortalece nuestras almas cansadas y energiza nuestros espíritus. La Biblia dice, Romanos 8:26: "Así mismo, en nuestra debilidad el Espíritu acude a ayudarnos. No sabemos qué pedir, pero el Espíritu mismo intercede por nosotros con gemidos que no pueden expresarse con palabras." El espíritu de nuestro Señor Jesucristo asume el control total de nuestra vida de oración y ora por lo que ni siquiera sabemos que necesitamos, mucho antes de que sepamos que necesitamos eso en particular. El Espíritu del Señor, el morador de Cristo, ora por todo tipo de enfermedades que puedan afectarnos, incluso antes de que lo hagan, limpia nuestro cuerpo con la Palabra de Dios, y lava nuestra alma antes de que llegue la enfermedad o puede que la enfermedad ni siquiera llegue a nosotros. Si es algo que requiere atención médica, el espíritu de Dios orará para que asignen un médico especial al creyente por esa condición antes de que la persona ingrese al hospital. El Espíritu de Dios ora a través de nosotros y resuelve nuestros problemas económicos antes de que ocurran, enviando o dirigiendo a nuestras mentes a que busquen otro empleo antes de que uno termine o antes de que seamos despedidos o suspendidos de nuestro trabajo actual. Orar con el Espíritu ayuda a que nuestra plegaria sea respondida más rápido de lo que creemos porque el Espíritu de Jesucristo es el espíritu del intercesor que intercede ante el Padre a la mano derecha de Dios. Por ejemplo, Ana oró con el Espíritu con pesar por no tener hijos durante mucho tiempo con su marido Elkanah. En su agonía, oraba al Señor con ayuno. Oraba, sollozando y dando a conocer su mente afligida al Señor, al punto que Elí el profeta pensó que estaba ebria, 1 Samuel 1:12-17. Mientras continuaba orando al Señor, Elí observaba su boca. Ana oraba en su corazón, y sus labios se movían, pero no se oía su voz. Elí pensó que estaba ebria y le dijo: "-- ¿Hasta cuándo te va a durar la borrachera? ¡Deja ya el vino! "—No, mi señor; no he bebido ni vino ni cerveza. Soy sólo una mujer angustiada que ha venido a desahogarse delante del Señor. No me tome usted por una mala mujer. He pasado este tiempo orando debido a mi angustia y aflicción."

"—Vete en paz —respondió Elí—. Que el Dios de Israel te conceda lo que le has pedido."

En ese momento, Elí también intercedió por Ana orando por ella, lo que muestra un valioso registro de cuán importante es que todos los creyentes oren unos por otros. Como dijo Elí, el Dios de Israel respondió a la oración de Ana. El Espíritu se presentó dentro de ella e intercedió por ella para que su llanto fuera escuchado. La pena de su corazón fue eliminada. Ella creyó confiadamente que su plegaria fue respondida. La convicción de sus plegarias respondidas apareció en su corazón porque el Espíritu de Dios envió su plegaria directo al trono de Dios. Leemos en la Biblia que

Ana dio a luz al siguiente año un hijo a quien llamó Samuel, y el niño fue dedicado al Señor. Orar con el Espíritu es muy importante en la vida de cada creyente de Jesucristo. Practiquemos el hábito de orar con el Espíritu. El Espíritu Santo es nuestro auxilio, y Él siempre nos ayudará en todas y cada una de las áreas de nuestras debilidades que nosotros mismos no conocemos.

Hay una diferencia entre orar en el Espíritu y orar con el Espíritu. Orar en el Espíritu significa orar en la Palabra de Dios, hablar la Palabra de Dios por la inspiración del Espíritu Santo. Implica orar con la revelación de Dios. Cuando un creyente recibe el don del Espíritu Santo, experimentará a Cristo desbordándose en su vida. El agua de vida fluirá por el creyente desde lo profundo de su ser a otros con el poder salvador y auxiliar del mensaje de nuestro Señor Jesucristo. Orar en el Espíritu apunta al nivel en el cual ocurren la verdadera adoración y el poder de la oración. Debemos acudir a Dios en completa sinceridad y con un espíritu dirigido por la vida y la actividad del Espíritu Santo. Por lo tanto, debemos orar de acuerdo con la verdad y lo que nos es revelado en la santa Biblia y en Su Hijo a través del Espíritu.

CAPÍTULO ONCE

Oración de Gratitud

El apóstol Pablo nos dijo que en todo él da las gracias. Debemos agradecer en la enfermedad, en buena salud, en la aflicción, en agonías, en desilusiones de la vida y en la mañana cuando nos despertamos, porque en Él nos movemos y tenemos nuestro ser. A la noche debemos agradecer por todo lo bueno o lo malo que pasó durante el día. Debemos dar las gracias por todo lo que hemos hecho durante el día. Debemos aprender cómo dar gracias a Dios por todas las provisiones de Dios en nuestras vidas.

Debemos dar gracias por Su misericordia, amor e inmensa compasión en nuestras vidas. Dar gracias a Dios cada minuto fortalece nuestra relación con Él. También pone a nuestro corazón contento cada vez que nos ponemos de rodillas para orar. Debemos dar gracias por la obra de la redención. Debemos dar gracias por lo que Él ha hecho, por lo que Él está haciendo ahora mismo en nuestras vidas, y por lo que Él también continúa haciendo en nuestras vidas. Cuanto más agradecemos, más recibimos Sus bendiciones. Que nuestro Señor y Salvador Jesucristo santifique nuestros corazones. Que Él haga a nuestros corazones agradecidos por Su Gloria desde la tierra a los cielos.

Demos gracias a Su santo nombre ahora y siempre. Él es digno, fiel, justo y amable. Él nos dio a Su Hijo. Debemos darle gracias.

CAPÍTULO DOCE

Oremos por Nuestro Prójimo

Debemos orar por nuestro prójimo en toda ocasión para que haya paz entre todos. Si decimos esta plegaria con frecuencia, un vecino problemático o difícil se convertirá de malo en bueno, de maligno en bueno, de odio en amor, de perversidad en bondad, de celos en amor y de conducta violenta en un vecino pacífico para con nosotros. Cuanto más oremos por nuestro prójimo, tanto más el Espíritu de Dios obrará con ellos para cambiar sus vidas de manera que podamos convivir en buena armonía sin problemas. Es difícil, pero que podamos aprender a orar por nuestro prójimo ya que al final cuando veas lo que Dios ha hecho en las vidas de tus vecinos difíciles o no creyentes, te regocijarás en el Señor. Nuestro Señor dijo que debemos orar por nuestro prójimo y la persona que intencionadamente nos desprecia o nos odia. A medida que así lo hagamos, el Espíritu del Señor los convertirá de odio en amor y al amor de Cristo. Ama a tu prójimo y ora por él, Mateo 5:43.

CAPÍTULO TRECE

Oremos con Fe por Nuestros Enemigos

Oremos con fe por nuestros enemigos. El enemigo número uno de los creyentes es quien no quiere escuchar el evangelio, el nombre de Jesucristo, el Hijo de Dios, o el nombre de Dios, el Padre y el Espíritu Santo. Están despreciando violentamente a los cristianos. Cristo nos dio Su Palabra, y Él ha prometido que Su presencia, Su autoridad y Su poder jamás nos fallarán mientras nos enfrentemos a todo tipo de peligros. Debemos dejar que la luz de nuestro Señor brille en este mundo de oscuridad. Nuestro Señor dijo en Marcos 16:17-18: "Estas señales acompañarán a los que crean: en mi nombre expulsarán demonios; hablarán en nuevas lenguas; tomarán en sus manos serpientes; y cuando beban algo venenoso, no les hará daño alguno; pondrán las manos sobre los enfermos, y éstos recobrarán la salud." Los creyentes deben llevar el evangelio a las almas perdidas con profunda fe y con el poder de la oración.

De muchas maneras podemos experimentar decepciones y contratiempos en nuestra formación en la fe y en el recorrido de la fe. Podemos tener fallas y falta de entendimiento espiritual en algún punto en nuestras vidas. Podremos tener debilidades y penas emocionales, pero el Señor entiende todo lo que atravesamos en el ejercicio de nuestra fe. Debemos ser capaces de aprender de otras personas que han pasado por esto antes que nosotros. Debemos aprender cómo experimentan y ejercitan la fe. Esto nos energizará y nos dará aliento, saber que grandes personas en la Biblia experimentaron fallas, pecados y desilusiones. Incluso en sus debilidades, continuaron confiando en Dios y teniendo profunda fe en Él. Debemos seguir sus pasos en lo que sea que estemos pasando. Debemos continuar enfocándonos en el Señor y obedeciendo, confiando y caminando con Él por la fe.

La Biblia dice que Abraham creyó a Dios. Se lo llamó amigo de Dios. Abraham fue conocido por su profunda fe y comunión con Dios. La Biblia dice en Hebreos 11: 8-11, 17: "Por la fe Abraham, cuando fue llamado para ir a un lugar que más tarde recibiría como herencia, obedeció y salió sin saber a dónde iba. Por la fe se radicó como extranjero en la tierra prometida, y habitó en tiendas de campaña con Isaac y Jacob, herederos también de la misma promesa."

La fe de Abraham aumentó después de que fuera llamado por Dios. Abraham desobedeció el plan de Dios para él y viajó a Egipto. Escuchó a Sarah, su esposa, y tuvo un hijo con su criada, Hagar, sin esperar la promesa de Dios, Génesis 12, 16-17, 20-21. La fe de Abraham demoró años de desarrollarse, pero su amor por Dios no cambió. Finalmente Abraham llegó al punto en que entregó todo a Dios: su voluntad, sus emociones, planes y capacidades. Él confió en Dios al punto en que estaba dispuesto a sacrificar a Isaac, su hijo, en el altar a Dios. Abraham no retrocedió ni huyó de Su llamado de Dios a pesar de que atravesó una enorme cantidad de dificultades. Dios continuó demostrando Su inmenso amor y fidelidad a

Abraham. La confianza de Abraham en Dios creció, como un hijo confía en su padre terrenal. Confiaba en Dios más y más cada día.

La vida de Abraham debe enseñar a todos los creyentes que debemos amar al Señor más y más cada día de nuestras vidas. No debemos permitir que nuestras fallas nos alejen de los planes de Dios para nuestras vidas ni que interfieran con nuestra comunión y relación con Dios Todopoderoso. Si algo nos hace caer en pecado, debemos orar por el perdón y la restauración. Debemos orar para poder regresar a la presencia de Dios y a Su luz donde la oscuridad no nos puede abrumar. Debemos continuar orando por la fuente de poder de la fuerza de Dios en nuestro camino de fe con Dios. Debemos creer en la existencia de un Dios personal, infinito, santo que se ocupa de nosotros. Debemos creer también que Dios nos recompensa cuando verdaderamente buscamos Su rostro, sabiendo que nuestra recompensa es el gozo de hallarlo y disfrutar de Su absoluta presencia ahora y para siempre. Él es nuestro escudo, salvador y baluarte. Él es nuestra gran recompensa, nuestra fortaleza y nuestra vida.

La fe de Abraham es un ejemplo para todos los creyentes. Estamos en el recorrido de la fe en este mundo, viajando a la ciudad santa de Dios de Jerusalén, que está en los cielos. Si oramos por nuestros enemigos por la fe, Dios los convertirá en buscadores de Dios. Nuestro Señor dijo: "Oren por sus enemigos." Debemos orar por nuestros enemigos siempre. Nuestro Señor Jesús dijo en Lucas 6:27-28: "Pero a ustedes que me escuchan les digo: Amen a sus enemigos, hagan bien a quienes los odian, bendigan a quienes los maldicen, oren por quienes los maltratan." Nuestro Señor Jesús nos dice que debemos vivir con otras personas en paz. Somos miembros y partes de Su cuerpo. Cristo es el mediador de una nueva alianza. Estamos obligados como parte de Su cuerpo a cumplir los pedidos y las enseñanzas que nuestro Señor establece para nosotros. Amar a nuestros enemigos significa que debemos practicar un sincero interés por su bien y bienestar. Debemos tratar de alcanzarles la salvación de ser posible o, si hay posibilidades, de presentarles el evangelio dado que sabemos que los insalvos tienen necesidad de salvación. Si tienen la salvación, el Espíritu Santo de Dios está en ellos y no serán nuestros enemigos. Por lo tanto, debemos esforzarnos sin importar cuán alterados estemos tras orar por ellos seriamente para que pasen de ser nuestros enemigos a ser nuestros amigos. Sabemos que estas personas son hostiles a Dios y Su pueblo. Debemos orar para que el poder del amor de Dios caiga sobre ellos devolviéndoles bondad por su maldad, para que reciban el amor de Cristo resucitado y la fe del evangelio de Dios.

Amar a nuestros enemigos no significa que debemos permitir que quienes hacen el mal continúen con sus maldades. Debemos dar honor a Dios y buscar la seguridad y bondad de otras personas a nuestro alrededor. Se deben tomar medidas para detener las obras de las personas malignas física, espiritualmente y de acuerdo con la ley de cada país individual. Oremos por nuestros enemigos y los enemigos de la cruz de Cristo.

Hay enemigos de la cruz de Cristo. Estos enemigos son creyentes profesos que corrompieron el evangelio de Dios viviendo de manera inmoral con falsas enseñanzas. Debemos orar por ellos para que la verdad del evangelio se abra a ellos y que la iluminación del Espíritu Santo penetre en sus corazones y mentes y que prediquen amorosamente el verdadero evangelio.

CAPÍTULO CATORCE

Oración por el Cuerpo de Cristo en la Tierra

Debemos orar por el cuerpo de Cristo en todas las naciones. El apóstol Pablo dijo: "Oren también por mí para que, cuando hable, Dios me dé las palabras para dar a conocer con valor el misterio del evangelio, por el cual soy embajador en cadenas. Oren para que lo proclame valerosamente, como debo hacerlo," Efesios 6:19 20. Debemos aprender a orar por todos los que creen en Jesucristo por los pastores, miembros del consejo, diáconos y todo el personal del ministerio, que nuestro Señor los haga fieles en servicio para el Señor, que no caigan en la tentación, como malversar los fondos de la iglesia ni que caigan en alguna forma de inmoralidad sexual. Debemos orar eficazmente a Dios en nombre de todos los creyentes, como nuestros esposos, esposas, hijos, todos los creyentes y las misiones. Debemos orar para que se haga la voluntad de Dios en sus vidas. Debemos orar por bendiciones de sabiduría espiritual y por vivir vidas santas que complazcan al Señor Jesucristo. También debemos orar para que den frutos para el reino de Jesucristo.

Debemos orar para que todos los creyentes se fortalezcan espiritualmente por el poder del Espíritu Santo. Debemos orar para que su fe, amor y rectitud crezcan más y más en el Señor. Debemos orar para que todo el cuerpo de Cristo dé a Dios Padre, Dios Hijo y Dios Espíritu Santo inmenso agradecimiento, sin cesar, cada día con alegría. Nuestra oración continuará viviendo en la esperanza del cielo, la comprensión de que el cielo es nuestro hogar y que nuestra estadía en esta tierra es temporaria. Cristo es nuestra esperanza de gloria. Debemos orar para que todo el cuerpo de Cristo se aproxime más a Él cada día y mantenga una relación íntima, personal con Él. Ser uno en Cristo es ser uno con el Padre. Debemos orar para que se cumpla la Gran Comisión a través de todos los creyentes en esta tierra al punto de llevar el evangelio de Dios donde el evangelio nunca antes haya sido proclamado en la lengua de esta ciudad o población.

Debemos orar para que el cuerpo de Cristo se llene con el amor y la revelación de Jesucristo. Debemos orar para que todo en el cuerpo de Cristo se vuelva completo en Cristo y en la plenitud de Dios, Padre Todopoderoso. Debemos orar sin cesar para que todo el cuerpo de Cristo aprenda a mostrar amabilidad hacia los demás y especialmente a los pecadores y las almas perdidas. Nuestro Señor dijo que somos la sal de la tierra. La sal es valiosa porque da sabor, para preservar de la corrupción y la descomposición. Nosotros los creyentes debemos ser ejemplos divinos en el mundo y debemos resistir la corrupción, la violencia, los celos y la decadencia moral en nuestras sociedades, comunidades, estados, ciudades y países. Debemos orar por el reino de Dios en la tierra ahora, con el cumplimiento de Su futura venida y el establecimiento de Su reino eterno del nuevo cielo y la nueva tierra donde sólo habitarán los justos.

Debemos orar para que todos los creyentes reciban el discernimiento del Espíritu para ser capaces de discernir lo bueno de lo malo, y el espíritu de error del espíritu de la verdad o el verdadero Espíritu Santo. Debemos orar para que todos los creyentes lleven vidas sinceras que sean intachables a los ojos de Dios y del hombre y que puedan vivir una vida digna de Su llamado. Debemos orar para que todo el cuerpo de Cristo sea liberado del poder del pecado y la muerte. El apóstol Pablo recordó al pueblo "que deben mostrarse obedientes y sumisos ante los gobernantes y las autoridades. Siempre deben estar dispuestos a hacer lo bueno: a no hablar mal de nadie, sino a buscar la paz y ser respetuosos, demostrando plena humildad en su trato con todo el mundo", Tito 3:1-2. Es muy importante para nuestros testigos y para el avance del evangelio que los creyentes sean obedientes a las autoridades de gobierno. Deben obedecer la ley civil, ser buenos ciudadanos y llevar vidas pacíficas y respetables con su prójimo, siempre que la ley gubernamental no genere un conflicto con nuestro compromiso con el Señor.

CAPÍTULO QUINCE

Oremos por la Paz de las Naciones

D ebemos orar por la paz de todas las naciones de la tierra sin cesar o todos los días porque cuando una nación está en guerra con otra por el mal obrar de pocas personas, sufren los pueblos de ambas naciones. Quienes más sufren son los niños de ambas naciones. Pueden ser asesinados, carecer de alimentos y pueden perder a sus padres o madres, o a ambos progenitores durante la guerra. Por lo tanto, estos niños inocentes pagan por algo que desconocían en el comienzo de sus vidas. Se necesitan plegarias cada día por todas las naciones de la tierra. El segundo grupo de personas que más sufren durante una guerra entre un país y otro son las mujeres. Las mujeres sufren la pérdida de sus maridos y prometidos. Quedan expuestas a torturas como violación y tráfico de mujeres por todo el mundo. Todos los seguidores de Cristo deben orar sin cesar por los jóvenes estudiantes y las personas de la tercera edad durante las guerras entre naciones.

El tercer grupo de personas que más sufren y viven en el dolor, en ocasiones por el resto de sus vidas, son los padres y familiares que pierden seres queridos durante las guerras. Debemos orar por estas personas. Necesitan de nuestras plegarias para continuar con sus vidas. Debemos orar por los funcionarios de gobierno, los presidentes, gobernantes y otros funcionarios de gobierno de alto rango para que continúen tomando decisiones que traigan la paz a sus países en lugar de la guerra. Estas personas necesitan nuestras oraciones porque el país podría tener una población de 800 millones, pero pocas personas tomarán una decisión que ponga de cabeza las vidas de 750 millones de personas. La pena fluirá por los corazones de cada uno, y prevalecerán el temor y la intranquilidad mental.

El salmista nos dice en el Salmo 122:6-7: "Pidamos por la paz de Jerusalén: Que vivan en paz los que te aman. Que haya paz dentro de tus murallas, seguridad en tus fortalezas." Por lo tanto, debemos orar por la paz de todas las naciones. En 1 Timoteo 2:8 se nos dice: "Quiero, pues, que en todas partes los hombres levanten las manos al cielo con pureza de corazón, sin enojos ni contiendas."

Es muy importante que todos los creyentes levanten las manos y ofrezcan oraciones en voz alta, especialmente cuando oran en un lugar público por las naciones. Para que nuestras plegarias resulten eficaces, debemos orar de corazón. Debemos orar con corazones y mentes limpios, hacernos santos y vivir vidas justas. Como creyentes e hijos de Dios, debemos interesarnos porque todo el pueblo de Dios viva vidas pacíficas en todas las naciones.

Debemos orar por nuestros líderes, para que busquen la verdad en todo, toda situación y toda decisión. Debemos orar para que se aferren a lo que está bien y justificado. Debemos orar por nuestros líderes y los líderes de las naciones para que el Señor les dé el valor y auto-control para mantenerse alejados de lo que es falso, insensato e inexacto, porque sin restricción y sin liderazgo, estaremos ciegos y sordos a la verdad. Debemos orar por que el Señor Jesucristo dé a quienes tengan la autoridad el poder del Espíritu Santo para que puedan tener un carácter semejante a Cristo con rasgos como integridad, valor y audacia para crear justicia que se base en la verdad. Deben amar la verdad más que el poder. Deben entender el valor y el propósito de su servicio al mundo. Deben recordar que Dios los llamó para ser líderes de la verdad.

Debemos orar por las personas en todas las áreas de los negocios en este mundo. Debemos orar para que se honre el nombre de Jesucristo en cada lugar de negocios. Debemos orar para que nuestro Señor bendiga a todos los que expresan Su reino y para que las personas que están en cárceles escuchen el evangelio de Dios predicado a ellos para que puedan seguir a Jesucristo para su salvación, Lo alaben y estén en comunión con Él. Debemos orar que los prisioneros estén protegidos de otros prisioneros violentos y que puedan cumplir su condena en paz y ser liberados de la prisión a su debido tiempo con una nueva vida llena de fuerza, sabiduría y conocimiento para vivir el resto de sus vidas para Cristo. Debemos orar para que Dios les dé una nueva vida.

CAPÍTULO DIECISÉIS

Oremos por los Pecadores y Perdidos

Oremos por los pecadores y las almas perdidas. Nuestro Señor dijo en Lucas 19:9-10: "Hoy ha llegado la salvación a esta casa —le dijo Jesús—, ya que éste también es hijo de Abraham. Porque el Hijo del hombre vino a buscar y a salvar lo que se había perdido." Esta declaración es la clave del motivo de la venida del Señor Jesús a la tierra y es la idea principal del mensaje del evangelio. Apunta al centro mismo de la misión terrenal de nuestro Señor Jesucristo. Esta declaración es la parte central de nuestra misión en la tierra como seguidores de Jesús. La obra de Cristo de salvar a los que están perdidos continuó hasta algunos días antes de Su crucifixión. Fue a la casa de Zaqueo el recaudador de impuestos. En los tiempos de Jesús la gente odiaba a los recaudadores de impuestos. No querían tener nada que ver con ellos porque los recaudadores de impuestos ganaban dinero recaudando de la gente más de lo que debían. Jesús estaba preocupado por el alma de Zaqueo.

Jesús espera lo mismo de nosotros hoy. Espera que llevemos el evangelio a las personas rechazadas, pobres, despreciadas de nuestra sociedad, a los prisioneros, a los malvados, a quienes adoran ídolos, a Musulmanes, Hindúes, Budistas, ateos, a los que no tienen vivienda y a las personas más adineradas de la tierra. Debemos llegar a los perdidos, por Cristo. Él murió y se levantó de entre los muertos para que pudieran salvarse y recibir la vida eterna. Él salvó al ladrón a Su derecha el día de Su crucifixión. Eso significa que Jesús obró hasta el último minuto antes de morir en la cruz. Nuestro Señor también dijo: "Como el Padre me envió a mí, así yo los envío a ustedes," Juan 20:21. Él nos dio la Gran Comisión, que debe ser cumplida por todo el cuerpo de Cristo a través del poder del Espíritu Santo que nos habita. La Santa Biblia dice en Juan 3:16: "Porque tanto amó Dios al mundo, que dio a su Hijo unigénito, para que todo el que cree en él no se pierda, sino que tenga vida eterna."

CAPÍTULO DIECISIETE

El Poder de la Oración

Los que creen en Jesucristo en ningún momento, en ninguna situación ni circunstancia deben subestimar el poder de la oración. El profeta Elías oró que no lloviera por tres días. Dios respondió su plegaria, y luego volvió a orar que Dios abriera los cielos y cayera la lluvia. 1 Reyes 17:1 dice: "Ahora bien, Elías, el de Tisbé de Galaad, fue a decirle a Acab: «Tan cierto como que vive el Señor, Dios de Israel, a quien yo sirvo, te juro que no habrá rocío ni lluvia en los próximos años, hasta que yo lo ordene.»" Elías oró poderosamente. Declaró su poder de la oración que le fue concedido por Dios porque el pueblo de sus días adoraba al ídolo Baal. Se le encomendó despertar y advertir a los Israelitas y devolverlos al Dios de Israel.

Elías tenía una fuerte relación con Dios y devoción constante hacia Él. Su alianza, fe, valor y lealtad hacia Dios lo ayudaron a enfrentarse con fuerza a los adoradores del ídolo de Baal. En una ocasión, la poderosa oración de Elías fue escuchada desde los cielos. Dios envió fuego desde el cielo para consumar el holocausto. 1 Reyes 18:38 dice: "En ese momento cayó el fuego del Señor y quemó el holocausto, la leña, las piedras y el suelo, y hasta lamió el agua de la zanja." Este milagro realizado por el profeta Elías lo comisionó como profeta de Dios, y probó también que el Dios de Israel solo era el único

Dios viviente a quien el pueblo debía orar, servir y adorar. Él es el mismo hoy y siempre.

Nosotros, quienes creemos en Jesucristo, nuestro Salvador, debemos orar para que nos sean concedidos la manifestación del Espíritu y el poder de Dios. Debemos ser capaces de orar a Dios con el poder de la oración. Debemos ser capaces de expresar nuestra fe y recibir victoria sobrenatural en respuesta a la oración. Los creyentes debemos ser capaces de enfrentar a los falsos predicadores de nuestros días con el poder de la oración y exponerlos para que la gente no se una a ellos, creyendo que el falso maestro es un servidor verdadero del Señor o verdadero pastor o ministro de la Palabra de Dios. **Elías oró poderosamente en 1 Reyes17:17-21:** "Poco después se enfermó el hijo de aquella viuda, y tan grave se puso que finalmente expiró. Entonces ella le reclamó a Elías: — ¿Por qué te entrometes, hombre de Dios? ¡Viniste a recordarme mi pecado y a matar a mi hijo! —Dame a tu hijo — contestó Elías. Y arrebatándoselo del regazo, Elías lo llevó al cuarto de arriba, donde estaba alojado, y lo acostó en su propia cama. Entonces clamó: «Señor mi Dios, ¿también a esta viuda, que me ha dado alojamiento, la haces sufrir matándole a su hijo?» Luego se tendió tres veces sobre el muchacho y clamó: «¡Señor mi Dios, devuélvele la vida a este muchacho!». Elías invocó y oró poderosamente a Dios, y Dios devolvió la vida al niño en respuesta a la poderosa oración de Elías. El Señor escuchó el clamor de ayuda de Elías. Es el mismo hoy. Los creyentes debemos clamar al Señor por nuestros problemas y recibiremos respuesta a nuestras plegarias. La oración de un hombre justo es poderosa. Lo acerca más y más a Dios. Abre puertas de oportunidades de la vida y es un camino a una vida controlada y llena del espíritu. Trae felicidad y otorga bendiciones y poder para el ministerio.

El poder de la oración fortalece a los cristianos en su devoción diaria al Señor y también los fortalece espiritualmente. Aumenta su fe y los hace más fuertes. Otorga a los creyentes un entendimiento más profundo de las disposiciones de Cristo para una vida victoriosa.

El poder de la oración no se basa en el individuo que ora, sino que el poder de la oración viene de Dios, a quien dirigimos nuestras plegarias. La pasión que ponemos detrás de nuestras plegarias y el propósito de las mismas son muy importantes. Son las herramientas usadas para responder a todas las plegarias que están de acuerdo con Su voluntad. Las respuestas de Dios son siempre que sí si es para nuestro beneficio y conforme a Su voluntad para nuestra vida. Cuando los deseos de nuestro corazón son los mismos que Su voluntad, debemos confiar en que nuestras plegarias han sido respondidas. El poder de la oración da gloria, honor y poder a la presencia de Dios en el mundo. El espíritu de Dios mantiene y sostiene a la tierra a través del poder de las plegarias de todas las personas de la tierra. Debemos seguir orando y manteniendo relaciones cercanas con el Señor en comunión con el Padre a través del Hijo con el poder del Espíritu Santo. Ya sea una plegaria de petición, alabanza, arrepentimiento, adoración o agradecimiento a Dios que viene de nuestros corazones, Dios quiere que todos los creyentes oren a Él, Él conoce nuestros corazones y mentes. Debemos estar en comunión con Él en la oración cada día. Todos debemos orar por el poder de la oración, orando unos por otros por sanación, estabilidad económica, muerte, desilusiones y otros tipos de adversidades que llenan el mundo de pecado. Debemos ser claros y precisos en nuestro poder de orar. La Palabra de Dios abunda en ejemplos del poder de la oración. El poder de la oración supera los baluartes de los ataques de nuestros enemigos física y espiritualmente. El poder de la oración ha conquistado el pecado y la muerte, 2 Reyes 4:3-36. El poder de la oración ha traído sanación a tantas personas que sufren de diferentes tipos de enfermedad. El poder de la oración también nos otorga gran conocimiento y comprensión ante diversas situaciones del mundo. Santiago 5:13-15 dice: "¿Está afligido alguno entre ustedes? Que ore. ¿Está alguno de buen ánimo? Que cante alabanzas. ¿Está enfermo alguno de ustedes? Haga llamar a los ancianos de la iglesia para que oren por él y lo unjan con aceite en el nombre del Señor. La oración de fe sanará al enfermo y el Señor lo levantará. Y si ha pecado, su pecado se le perdonará."

Los creyentes que están atravesando angustias, pobreza y cantidad de diversos problemas deben buscar la Fortaleza de Dios a través del poder de la oración. Deben acercarse e invocar al mediador de una nueva alianza, Jesucristo, quien es también nuestro intercesor entre los hombres y Dios. Él es el abogado de una nueva alianza. Él presentará nuestro caso ante Dios porque Él estaba sentado allí mismo a la derecha de Dios intercediendo por ti y por mí. Él nos da misericordia y gracia en todas las áreas de nuestras vidas en tiempos de necesidad, Hebreos 4:16.

Los creyentes debemos volcar todas nuestras preocupaciones a Él porque Él se ocupa de nosotros. Debemos tomar en serio la Palabra de Dios expresando nuestra alegría y cantando cánticos de gozo y alabanzas a Él. Cuando ofrecemos nuestras plegarias con fe, nos ayudarán y harán que las personas enfermas se repongan física, mental o emocionalmente. Debemos pedir por las plegarias de los miembros del consejo y líderes de la iglesia. Todos sabemos que una de las responsabilidades de un miembro del consejo en la iglesia es decir la oración de la fe por los enfermos, miembros de la iglesia, y quienes piden oraciones de afuera de la iglesia. El aceite representa la sanación ofrecida por la fe que hará que la persona enferma se sane a través del poder del Espíritu Santo. Santiago nos dijo que se deben ofrecer plegarias eficaces por la fe para que los enfermos sean curados. El poder de la oración es tan inmenso en la vida de los creyentes porque Jesús obrará inconmensurable, abundante y excesivamente más de lo que le pedimos en oración, si se Lo pedimos poderosamente a Él. Trae a Dios cerca nuestro para que podamos oír y escuchar sus indicaciones para nuestra.

CAPÍTULO DIECIOCHO

La Mente y el Alma de la Oración

Debemos concentrarnos completamente en nuestro Señor y Salvador apartando nuestras mentes de quiénes somos y de los amigos, hijos, parientes, padres o cónyuges. Debemos alejar nuestras mentes de nuestros problemas, dificultades, aflicciones y tribulaciones y fijar la mirada en Jesús, el autor y perfeccionador de nuestra fe. De esta manera tomaremos el poder de la oración que puede mover montañas. Debemos centrarnos en Jesús, lo que Él ha obrado en nuestras vidas, lo que Él está haciendo actualmente en nuestras vidas y cuál es Su voluntad para nosotros en el futuro. Debemos despertar cada mañana con el poder del Espíritu Santo que nos habita, invocándolo en nuestra oración matutina para que dirija, guíe y controle nuestros asuntos diarios en nuestras oficinas, establecimientos, empresas. Debemos pedirle que controle nuestros hábitos de gastos, nuestras citas médicas y todos nuestros compromisos. Nuestra confianza en el Señor nos llevará a la gran victoria y nos bendecirá con el poder de la oración que necesitamos para llevar vidas sólidas y pacíficas.

La Palabra de Dios es alimento para nuestra alma. Debemos dejar que la verdad de la Palabra de Dios permanezca en nuestros corazones en todo momento. Debemos ver la Palabra de Dios al beber agua, respirar el aire e ingerir alimentos. Éstas son tres cosas esenciales sin las cuales no podemos vivir a diario, por lo tanto, si ponemos un verso de la Palabra de Dios en nuestro corazón cada día, seremos más poderosos en nuestras plegarias que lo que podemos imaginar. Aumentará nuestra fe y crecerá nuestra fortaleza. Sólo tenemos que nombrarlo y demandarlo del Señor si Él sabe que lo que pedimos es bueno para nosotros. Lo más importante que debemos saber es que el Espíritu de nuestro Señor y Salvador Jesucristo será sumamente activo en nuestras vidas y las vidas de quienes nos rodean. Si hay obstáculos en tu vida, tan solo ora por ellos y Dios responderá a la oración.

Debemos leer las Escrituras y permanecer en la

LA ORACIÓN

Palabra cada día hasta que la Palabra se haga vida y permanezca en nosotros y con nosotros, a través del poder del Espíritu Santo. Hallaremos que no habrá lugar para los pensamientos negativos. Pensaremos en positivo y nos sentiremos bien emocionalmente. No habrá lugar para la tristeza, el temor, la ira ni ningún otro pensamiento que tribule la mente humana. La luz del Señor continuará brillando sobre nosotros donde sea que vayamos, en lo que sea que estemos haciendo. Nuestros corazones estarán repletos de la luz iluminadora del Espíritu Santo. Estaremos completos y seremos una vasija limpia que Dios puede usar para ayudar a otros, así como Él usó a Isaías. Isaías puso su alma y mente en oración y Dios estuvo tan contento con él hasta el punto de permitir a Isaías ver todos los eventos próximos en Su plan de salvación de sus días a través de su

Comunión con Dios. El libro de Isaías en 6:1-9 nos cuenta de la relación personal de Isaías con el Señor. Él llegó a entender el llamado de Dios en Su vida. «¡Ay de mí, que estoy perdido! Soy un hombre de labios impuros y vivo en medio de un pueblo de labios blasfemos, ¡y no obstante mis ojos han visto al Rey, al Señor Todopoderoso!». El Verso 8 dice: "Entonces oí la voz del Señor que decía: — ¿A quién enviaré? ¿Quién irá por nosotros? Y respondí: —Aquí estoy. ¡Envíame a mí!"

Isaías se mantuvo cerca del Señor a través de su oración y súplicas y lectura de la Palabra de Dios hasta que estuvo lo suficientemente cerca para recibir la limpieza del Señor. Se le había encargado como profeta entregar el mensaje de Dios al pueblo de Dios de sus días. Durante la ascensión de nuestro Señor, Él nos dio la Gran

Comisión de proclamar el evangelio de la salvación de Dios a todas las personas de todas las naciones, Mateo 28:18-21. Debemos orar y leer la Palabra de Dios a diario para que nuestro Señor y Salvador pueda enviarnos al fin de la tierra. Seremos capaces de responder el llamado a la misión y los servicios del ministerio así como Isaías responde con gran alegría y dice: "Aquí estoy. Envíame a mí."

Otro modelo del alma y mente de la oración es el del profeta Jeremías. Jeremías fue llamado por Dios para ser un profeta, Jeremías 1:5-10. Oraba noche y día, leía la Palabra de Dios cada día, y mantenía una relación cercana y personal con el Dios Todopoderoso al punto que un día Dios lo llamó y le dijo: "Antes de formarte en el vientre, ya te había elegido; antes de que nacieras, ya te había apartado; te había nombrado profeta para las naciones." El verso 9-10 dice: "Luego extendió el Señor la mano y, tocándome la boca, me dijo: «He puesto en tu boca mis palabras. Mira, hoy te doy autoridad sobre naciones y reinos, para arrancar y derribar, para destruir y demoler, para construir y plantar.»" En esta historia Dios aseguró a Jeremías que su mensaje sería cumplido por Dios y sus palabras serían las palabras de Dios. A Jeremías se le encargó ser embajador y representante de Dios ante las naciones. Como Dios puso Sus palabras en boca de Jeremías, en todo lugar donde Jeremías hablaba, el Espíritu de Dios hablaba a través de él desde el reino del Rey Josías hasta el reino de Sedequías. El mensaje de Jeremías contenía los elementos de juicio y restauración.

LA ORACIÓN

Un ejemplo de la mente y el alma de la oración es el apóstol Pablo después de su conversión en el camino a Damasco, Hechos 9:3-11. Saulo oraba con su mente y su alma en Damasco donde se estaba quedando. La oración brotaba tan poderosa de su mente y su alma al punto de que estaba lo suficientemente limpio y claro que nuestro Señor oyó su oración y envió a Ananías. El Señor dijo a Ananías: "Anda, ve a la casa de Judas, en la calle llamada Derecha, y pregunta por un tal Saulo de Tarso. Está orando." Pablo después de su conversión obedeció de inmediato la palabra del Señor. Respondió el llamado del Señor para ser Su testigo y traer la Gran Comisión del evangelio a los gentiles. Pablo se comprometió a orar y ayunar por tres días para cuando Ananías llegó al lugar donde estaba Pablo a imponer las manos sobre él. Ananías se dio cuenta de que Pablo se había convertido completamente y estaba listo para servir al Señor como otros discípulos de Jesucristo y estaba listo para cumplir la comisión de Dios. Sólo necesitaba ser bautizado como prueba de identificación con Cristo abierta y públicamente. Pablo recuperó la vista y estaba lleno del poder del Espíritu Santo. Pablo aceptó a nuestro Señor Jesucristo como el único Mesías porque oró con su mente y su alma y ayunó por tres días y tres noches con poder y comprometiéndose con más y más profundidad con el Señor.

Lo mismo podría ocurrirles a todos los que creemos en Jesús hoy si después de nuestra conversión nos involucráramos en una plegaria continua con nuestras mentes y almas. Podremos recibir todo lo que es necesario y seremos capaces de cumplir la Gran Comisión que Jesús nos asignó inmediatamente después de nuestra conversión. Seremos capaces de recibir el poder del Espíritu y tendremos hambre y sed espirituales tan inmensos y desearemos conocer a Jesús y el poder de Su resurrección. Nos acercaremos más y más a Él a través de la oración y el ayuno, lo que nos ayudará a recibir revelación sobre revelación acerca de todo lo que nos rodea ahora y lo que vendrá y lo que nos sucederá a nosotros, a otros, a toda la nación y a todo el mundo. Podremos llevar vidas separadas del pecado y santificadas por el Espíritu Santo, ayudando a otros a recurrir al Señor por la fortaleza y la alegría de llevar una vida agradable a Sus ojos. Que el Señor nos ayude en este esfuerzo con el deseo de servir y tener amor incondicional por Él. Jesús nos llama para que pongamos mentes y almas en nuestras plegarias.

CAPÍTULO DIECINUEVE

El Resultado de la Oración

El resultado de la oración se da en el momento en que oramos. Debemos ser capaces de agradecer a Dios por nuestras plegarias porque sabemos que pedimos conforme a Su voluntad. Nuestras plegarias y peticiones son presentadas al Señor en sumisión, seguridad y confianza de acuerdo con la voluntad del Padre como se revela en la Palabra de Dios o por el Espíritu Santo. La voluntad de Dios se revela en las Escrituras. Él dio Su Palabra para nuestra orientación, protección, provisión y todas nuestras necesidades. Mientras procuramos hacer Su voluntad para nuestra vida cotidiana, Él es fiel y justo satisfaciendo todas nuestras necesidades conforme a Sus gloriosas riquezas.

Filipenses 4:19 dice: "Así que mi Dios les proveerá de todo lo que necesiten, conforme a las gloriosas riquezas que tiene en Cristo Jesús." Pablo nos está asegurando que Dios satisfará todas nuestras necesidades. Pablo enfatiza el cuidado amoroso de Dios el Padre por Sus hijos. Él es nuestro Padre celestial; Él satisfará todas nuestras necesidades física, material, médica y espiritualmente si volcamos en Él todas nuestras necesidades. Él satisfará todas nuestras necesidades en Cristo Jesús, el mediador y nuestro abogado. Podemos experimentar la unión con Cristo y Su comunión y el amor y la provisión de Dios. Dios responderá nuestras plegarias porque Él cuida de Sus hijos. El resultado de orar también da forma, convierte y nos bendice con el espíritu de humildad. 1 Pedro 1:2 dice: "según la previsión de Dios el Padre, mediante la obra santificadora del Espíritu, para obedecer a Jesucristo y ser redimidos por su sangre." Debemos ver el resultado de nuestra oración al Padre porque hemos sido escogidos de acuerdo con el conocimiento previo de Dios para ser el pueblo de Dios conforme con el propio conocimiento comprehensivo de Dios de Su plan de redención en Cristo incluso antes de la fundación del universo conforme al amor eterno de Dios.

Todos los creyentes deben saber y responder en la fe a través de sus plegarias. 1 Pedro 5:5 dice que somos convocados a hacernos humildes.

Como los hijos de Dios: "Así mismo, jóvenes, sométanse a los ancianos. Revístanse todos de humildad en su trato mutuo, porque «Dios se opone a los orgullosos, pero da gracia a los humildes»." La humildad se logra por la oración. La humildad debe ser un don especial para todo el pueblo de Dios. Significa que debemos deponer todo orgullo. Cuanto más oramos, tanto más el Espíritu Santo usa nuestra oración para hacernos humildes en las áreas de nuestras vidas en las que somos demasiado orgullosos y en las que creemos que somos quien nos hizo lo que somos hoy y ayer. Los creyentes deben desarrollar una conciencia honesta de nuestras debilidades.

Debemos conceder a Dios el crédito y los elogios por los logros y éxitos de nuestras vidas. Cuando permanecemos en la Palabra de Dios y oramos sin cesar, hacemos lo que Pedro nos exhorta a hacer: revistámonos de humildad para ser identificados como creyentes en Cristo y recibiremos la gracia de Dios en todas las áreas de nuestras necesidades. Seremos capaces de ver claramente que Dios cuida de cada uno de Sus hijos, lo que Él enfatiza en Su palabra. Una vez que le damos todos nuestros problemas, el resultado de nuestra oración es que el espíritu de humildad tomará el control de nuestros corazones, mentes y almas.

CAPÍTULO VEINTE

La Respuesta a la Oración

Las respuestas a nuestras plegarias serán tan abrumadoras y tan magníficas que no seremos capaces de comprenderlas. Filipenses 4:13 dice: "Todo lo puedo en Cristo que me fortalece." Los creyentes deben saber que el poder y la gracia de Cristo son tan grandes que nos permiten hacer todas las cosas que Él nos pide que hagamos. En el Antiguo Testamento, Dios se reveló a Sí mismo como el Dios de la gracia. Él demostró Su amor al pueblo de Israel y al mundo entero, no porque merezcamos Su gracia y amor, sino porque Dios es un gran Dios. Su deseo es ser fiel a la alianza de Sus promesas hechas a Abraham, Isaac y Jacob. Dios es el Dios de justicia que nos da lo que merecemos. Dios es el Dios de misericordia que nos perdona lo que nos merecemos. Dios es el Dios de la gracia. Él nos dio lo que no merecíamos. La Biblia dice: "Porque tanto amó Dios al mundo, que dio a su Hijo unigénito, para que todo el que cree en él no se pierda, sino que tenga vida eterna," Juan 3:16.

Dios ha demostrado su gracia dándonos a Su Hijo a nosotros, pecadores. Su gracia es multiplicada al creyente a través del poder del Espíritu Santo, que imparte perdón, una nueva vida, aceptación de la obra redentora de la salvación de Cristo y poder para hacer la voluntad de Dios. La cristiandad se basa en la gracia de Dios. Él nos salvó: "él nos salvó, no por nuestras propias obras de justicia sino por su misericordia. Nos salvó mediante el lavamiento de la regeneración y de la renovación por el Espíritu Santo." Tito 3:4-7 dice: "Pero cuando se manifestaron la bondad y el amor de Dios nuestro Salvador, él nos salvó, no por nuestras propias obras de justicia sino por su misericordia. Nos salvó mediante el lavamiento de la regeneración y de la renovación por el Espíritu Santo, el cual fue derramado abundantemente sobre nosotros por medio de Jesucristo nuestro Salvador. Así lo hizo para que, justificados por su gracia, llegáramos a ser herederos que abrigan la esperanza de recibir la vida eterna."

El lavamiento significa que la vida del creyente es la vida de Cristo a través del bautismo. Renovación por el Espíritu Santo significa que a los creyentes se impartió la vida de Cristo al dar sus vidas completamente a Dios a través de Su Hijo Jesucristo.

Nuestras plegarias constantemente serán respondidas por la obra del Espíritu Santo, que incluye bautizar creyentes, como en el día de Pentecostés, que aún continúa hasta hoy. Dios siempre nos proporciona poder y gracia abundantes como resultado de nuestra nueva vida en Cristo. Teniendo en cuenta esto, los creyentes reciben una respuesta automática a sus oraciones a través del don de la gracia y una nueva vida en Cristo. El Espíritu Santo que habita en los creyentes es el espíritu de Cristo porque es Cristo quien imparte el Espíritu a los creyentes en su conversión y también bautiza a los creyentes con el mismo Espíritu que empoderó y ungió a Jesús durante Su ministerio terrenal y Su misión redentora. Una vez que los creyentes se mantienen firmes en un espíritu, la unidad del Espíritu consiste en vivir una vida que sea digna de Él, manteniéndose firmes y completos en un Espíritu y un propósito, esforzándose por complacerlo en todo lo que hacemos, y estando siempre dispuestos a defender la verdad del evangelio conforme a la revelación y contra aquéllos que son los enemigos de la cruz de Jesucristo.

La respuesta a las plegarias de los creyentes es ilimitada, inconmensurable, sorprendente y maravillosa. Oremos a Aquél a quien fluyen todas las bendiciones. Todas las claves para la vida y la divinidad están en Sus manos. Oremos a Dios nuestro creador, el gobernante de nuestra alma, el único que tiene amor incondicional por nosotros.

Él escucha nuestras plegarias y responde,

conforme a nuestro beneficio y así como a Su voluntad divina para nosotros. Oremos porque Él esté esperando oír de nosotros. "Así como el Padre me ha amado a mí, también yo los he amado a ustedes. Permanezcan en mi amor," Juan 15:9. El secreto de la respuesta a la oración es permanecer en Cristo. Cuanto más íntima es nuestra vida en Cristo a través de la oración, tanto más nuestras plegarias serán respondidas. Nuestro Señor llama a los creyentes a una vida de intimidad y relación personal que conduce a la devoción absoluta por Él. Cuanto más somos fortalecidos, tanto más nuestras plegarias serán respondidas, y tantas más almas serán ganadas; los pecadores se convertirán automáticamente cuando vean las obras grandes que están sucediendo en nuestras vidas. Oremos a nuestro Padre celestial a través de Jesucristo nuestro Señor. En Lucas 11:5-8, nuestro Señor nos enseña acerca de la insistencia en la oración: "Supongamos —continuó— que uno de ustedes tiene un amigo, y a medianoche va y le dice: "Amigo, préstame tres panes, pues se me ha presentado un amigo recién llegado de viaje, y no tengo nada que ofrecerle." Y el que está adentro le contesta: "No me molestes. Ya está cerrada la puerta, y mis hijos y yo estamos acostados. No puedo levantarme a darte nada." Les digo que, aunque no se levante a darle pan por ser amigo suyo, sí se levantará por su insistencia y le dará cuanto necesite."

Los creyentes deben orar con persistencia, confiada, claramente, una y otra vez hasta que llegue la respuesta a sus plegarias. No debemos rendirnos en nuestro pedido por la oración si sabemos que es algo que realmente necesitamos y es conforme a la voluntad de Dios. Debemos ser persistentes si sabemos que es algo que mejorará nuestras vidas y nos dará paz y tranquilidad, algo que nos ayudará a mejorar Su reino en la tierra, algo que nos elevará física y espiritualmente. Debemos continuar pidiendo, buscando y golpeando por ello hasta que Dios responda esa oración. Dejémosle saber audazmente que es un pedido urgente. Digamos: "Señor te necesito en esta situación en particular." Santiago 1:5-8 dice: "Si a alguno de ustedes le falta sabiduría, pídasela a Dios, y él se la dará, pues Dios da a todos generosamente sin menospreciar a nadie. Pero que pida con fe, sin dudar, porque quien duda es como las olas del mar, agitadas y llevadas de un lado a otro por el viento. Quien es así no piense que va a recibir cosa alguna del Señor; es indeciso e inconstante en todo lo que hace."

Se dijo a los creyentes que si les falta sabiduría, que pidan a Dios sabiduría para poder afrontar todas las pruebas de la vida y ser librados de todas esas pruebas. La sabiduría de la que hablaba Santiago es una sabiduría espiritual que otorgará al creyente la capacidad de ver aquello por lo que está atravesando al mismo tiempo y evaluar la vida conducida desde la perspectiva de Dios. Ayudará a los creyentes a ser capaces de discernir cada situación y tomar las decisiones adecuadas, haciendo lo correcto y progresando en todas las áreas de sus vidas conforme a la Palabra de Dios revelada y la conducción del Espíritu Santo. Los creyentes recibirán inmensa sabiduría para vivir una vida de paz en este mundo de odio, maldad, violencia y perversidad viniendo a Dios y pidiendo sabiduría por la fe.

Seremos capaces de soportar todas las pruebas con gran sabiduría y fe.

Otro aspecto importante de la oración es que las plegarias de los creyentes deben estar apoyadas por las Escrituras.

Resumen

Cristo enciende los corazones de las personas por la Palabra de Dios con ferviente esperanza. Cristo abre los ojos de quienes nacen ciegos por no conocer la Palabra de Dios o de quienes nunca oyeron la Palabra de Dios para que puedan reconocer al Señor resucitado y Salvador Jesucristo. Cuando los ojos de sus corazones se abren y Jesucristo Se revela a ellos, impartiendo en sus corazones la llama abrasadora de la Palabra de Dios, comienzan nuevas vidas y nuevos corazones, y desarrollan una fuerte esperanza en la Palabra de Dios, como Él abrió los ojos de las dos personas que viajaban por el camino a Emaús y también les explicó las Escrituras a ellos: "Entonces se les abrieron los ojos y lo reconocieron, pero él desapareció. Se decían el uno al otro: — ¿No ardía nuestro corazón mientras conversaba con nosotros en el camino y nos explicaba las Escrituras?" Lucas 24:31-32. Qué inmensa alegría en las vidas de los recientemente creyentes convertidos cuando se les abran las Escrituras comenzando por el Antiguo Testamento hasta el Nuevo Testamento. Oremos:

> Señor Jesucristo, que todas las personas de este universo Te busquen y Te encuentren. Padre, Hijo y Espíritu Santo, permíteles ser capaces de darte a Ti el honor, la Gloria, bendiciones y alabanzas que Te son debidos, Oh Señor. Deja que todas las

almas de los seres humanos sean capaces de honrarte con fidelidad, inmensa sabiduría, verdad, amor y poder. En Tu presencia, poder, inmensa fuerza, y santo nombre, un nombre por encima de todos los nombres, oro. Amén, amén, amén.

Bibliografía

Baillie, John, The Interpretation of Religion: An Introductory Study of Theological Principles. Edinburgh, UK: Charles Scribner's Sons, 1928.

Bultmann, Rudolf, Jesus and the Word. London: Deutsche Bibliotheca, 1926.

J. Julius Scott, Jr., The Substructure of New Testament Theology. Portland, OR USA : James Nisbet & Co., Ltd, 1952.
Ernest De Witt Burton The Present Task in New Testament Studies. University of Chicago Press, Cambridge, UK: Cambridge University Press, 1936

Ralph Earle, Th.D., Editor, Harvey J. S. Blaney, Th.M. Carl Hanson, Th.D. , USA Exploring The New Testament Beacon Hill Press Kansas City, MO. USA William MacDonald, The Believer's Bible Commentary. Thomas Nelson Publishers Nashville USA COMPANY, 1989.

Walter Brueggema, The Theology of the Old Testament, Eng. tr. New York: Harper & Brothers, 1958 Westminster John Know Press, 2001

Kenneth Wuest, The New Testament an Expanded Translation. Wm. B. Eerdmans Publishing Company, Grand Rapids, Michigan USA

E. F. Scott, Hendrickson Publisher, Inc., T. & T. Publisher New York, NY USA The Fourth Gospel Its Purpose and Theology. T & T Clark, 1906.

James D. Smart, The Interpretation of Scripture The Westminster Press Philadelphia, USA 1958.

The Holistic Hardware Bible, Biblical Tools for Building Lives.

Índice Bíblico

Referencias a la oración en las Escrituras, donde el pueblo en el Antiguo Testamento y en el Nuevo Testamento ora poderosamente y recibe respuesta a su oración.

Génesis 1:1, 2:16-17, 28:13, 26:1, 12:1-3, 2:16, 12,16, 17

Éxodo 20:11, 3:4

1 Samuel 1:12-17

1 Reyes 17:1, 18:38, 17-21

2 Reyes 4:3-36

Salmo 119:2

Salmo 119:10-11

Salmo 40:5, 122:6-7

Salmo 40:5, 122:6-7

Isaías 62:5, 55:11, 35:1-6, 55:10-11, 6:1-9

Jeremías 32:41

Lamentaciones 3:22-23

Mateo 21:21-22, 6:5-14, 5:43, 28:18-20

Marcos 16:17-18

Lucas 11:1-13, 15:11-21, 17-19, 11:9-10, 4:1-11, 6:27-28, 19:9-10, 11:5-8, 24:31-32

Juan 3:16, 15:1-7, 13:3-8, 4:23-24, 15:9

Hechos 2:4, 1:8, 9:3-11

Romanos 8:9-10, 8:26

1 Corintios 14:12-13

Efesios: 6:18, 6:17, 6:13, 6:19-20

Filipenses 4:6-7, 4:19, 4:13

1 Timoteo: 2:8

Tito 3:12, 3:4-7

Hebreos 4:16, 11:8-11, 17

Santiago 5:13-15, 1:5-8, 5:13-15, 1:5-8 1

Pedro 1:23, 1:25, 1:2, 5:5

1 Juan 3:18-22   Judas v. 20

Acerca de la Autora

Grace Dola Balogun: Graduada de la Escuela de Posgrado de Religión y Educación Religiosa de la Fordham University en el año 2010 con una Maestría en Humanidades en Religión y Educación Religiosa. Ha sido mentora espiritual privada, consejera en oración independiente y compañera de oración para muchos cristianos de todas las confesiones desde 1988.

La Fuente de Fuerza para la VidaLos libros anteriormente

Publicado por la Gracia de autor

que Dola Balogun por Religioso de Gracia Reserva

Publicar & Distribuidores, S.a.

La ORACION LA FUENTE DE FUERZA PARA la VIDA – Edición inglesa

La ORACION LA FUENTE DE FUERZA P
la VIDA – Edición española

La oración que la Fuente de Fuerza para la V
un libro poderoso que vigorizará su espíritu p
orar cada vez más hasta que la oración forme
de su vida y hasta que la puerta del cielo sea
abierta y su oración es contestada. Su vida de
oración cambiará su vida.

LA ORACION FUENTE DE PARR de FORTALEZA LA VIDA – Edición española

Dios no poder DEL de dio de oracion de la, c quiere aquí usemos; illamar de debemos, el d timo de comunicarnos en todo aquí pasando (estemos de que. El sable de espera de El de nosotros.

El Poder del Espíritu de Dios empieza de la creación del mundo arriba hasta hoy. Ese poc también continuará hasta que Cristo vuelva a Reinar aleluya

El Volumen del Poder del espíritu yo e II am discuten el poder del Espíritu Santo en la vi

LA CRUZ Y LA CRUCIFIXION

Nuestro Señor Jesucristo se murió en la Cruz para dar a luz el amor y la compasión. El impacto del pecado en la vida humana trae toda la otra mal en nuestro mundo, de una sociedad a otra sociedad, de una cultura a otro. Pero en Cristo, nosotros somos vestidos con Su santidad. Tenemos el regalo de la vida eterna. La puerta del cielo está abierta y tenemos derecho a para nuestra herencia en el cielo. ¡Aleluya! La hosanna en el Alto. Jesucristo lo pagó todo, a El todo debemos. La Cruz de Cristo es la Cruz de alegría, de la paz, y de la rectitud a todos los que cree en El.

Acerca del Autor La gracia Dola Balogun se graduó de cursos de posgraduado de Universidad de Fordham de Religión y Educación Religiosa en el año 2010 con un M.UN. en la Religión y la Educación Religiosa. Ha sido un hombres de oración- tor y consejero para muchos cristianos de todo el denomina- tions desde 1988.

Visítela en línea en: salvationcompleted.com de Spiritpower.Información de Prayerstrengthforlife.com de gracereligiousbookspublishers.com Facebook

GSTwitter@prayersource.

Para Ordenar Este Libro

Para ordenar copias adicionales de este libro, por favor CORREO ELECTRONICO:
info@gracereligiousbookspublishers.com

Este libro también puede ser ordenado de 30.000 mayoristas, de los detallistas, y de los libreros en el U. S., y en Canadá y más de 100 países globalmente.

Para contactar Gracia Dola Balogun para una entrevista o un compromiso para hablar en público, por favor CORREO ELECTRONICO:
info@gracereligiousbookspublishers.com

¡El Espíritu y la novia dicen, "Vienen"! ¡Y permitió que el oiga dice, "Viene"! Permita que el tenga sed viene; y permite el que que deseos toman el obsequio del

agua de la vida.

La revelación 22:17

¡MARANATHA!

¡VENGA, el SEÑOR JESUS!

www.ingramcontent.com/pod-product-compliance
Lightning Source LLC
Chambersburg PA
CBHW051431290426
44109CB00016B/1510